PHILOSOPHIE

DE

LA RÉVOLUTION FRANÇAISE

OUVRAGES DU MÊME AUTEUR

LE MATÉRIALISME CONTEMPORAIN, 2ᵉ édition, 1875, 1 vol. in-18 de la *Bibliothèque de philosophie contemporaine*.... 2 fr. 50

LA CRISE PHILOSOPHIQUE, MM. Taine, Renan, Vacherot, Littré. 1865. 1 vol. in-18 de la *Bibliothèque de philosophie contemporaine*.................................... 2 fr. 50

LE CERVEAU ET LA PENSÉE, 1867. 1 vol. in-18 de la *Bibliothèque de philosophie contemporaine*................... 2 fr. 50

HISTOIRE DE LA SCIENCE POLITIQUE dans ses rapports avec la morale, 1872, seconde édition, 2 vol. in-8....... 20 fr.

ÉTUDES SUR LA DIALECTIQUE DANS PLATON ET DANS HEGEL, 1 vol. in-8................................... 6 fr.

LA FAMILLE, leçons de philosophie morale (ouvrage couronné par l'Académie française), 8ᵉ édition, 1 vol. in-18... 3 fr.

PHILOSOPHIE DU BONHEUR, 3ᵉ édition, 1 vol. in-12... 3 fr. 50

ÉLÉMENTS DE MORALE, 1 vol. in-12................. 3 fr. 50

LA MORALE, 1874, 1 vol. in-8..................... 7 fr. 50

ŒUVRES PHILOSOPHIQUES DE LEIBNIZ avec une introduction et des notes, 2 forts vol. in-8, ornés d'un portrait.... 15 fr.

COULOMMIERS. — TYP. A. MOUSSIN

PHILOSOPHIE

DE LA

RÉVOLUTION FRANÇAISE

PAR

PAUL JANET

Membre de l'Institut
Professeur à la faculté des lettres de Paris.

———

PARIS

LIBRAIRIE GERMER BAILLIÈRE

17, RUE DE L'ÉCOLE-DE-MÉDECINE, 17

—

1875

Nous n'avons pas eu la présomption, dans ce petit écrit (1), de donner une théorie nouvelle de la révolution française; nous nous sommes proposé un but plus modeste, et plus utile : recueillir et résumer, en les accompagnant d'une sobre critique, toutes les opinions de quelque importance émises par les différentes écoles politiques sur le sens, la portée, les bienfaits ou les conséquences funestes de ce grand événement. C'est ce que nous appelons la philosophie de la révolution française, c'est l'histoire de cette philosophie qui sera l'objet de notre travail.

Cette histoire peut être divisée en deux périodes distinctes : la première, de 1789 à 1848, est une période d'enthousiasme ou de colère, essentiellement militante; la seconde est une période d'examen et de critique, où

1. La plus grande partie de ces études a paru dans la *Revue des Deux-Mondes.*

le doute se mêle à la foi, et où l'attaque et la défense inclinent plus ou moins au scepticisme. Dans la première période, la philosophie révolutionnaire va toujours en s'accentuant, en s'exaltant davantage, soit par l'opposition qu'elle rencontre et qu'elle provoque, soit par son propre entraînement. Dans la seconde, après avoir atteint son maximum d'acuité, elle rétrograde peu à peu, et de critique en critique, de réserve en réserve, elle aboutit à une sorte de rétractation et de désaveu, qui n'ose pas aller cependant jusqu'à la contre-révolution : état négatif, également funeste à toutes les causes, et auquel il est impossible, selon nous, de s'arrêter. Le premier livre de cet ouvrage sera consacré à l'histoire de la première période; le second livre, à la seconde. Entre l'exagération de l'une et le scepticisme de l'autre, il y a une voie moyenne, qui est vraisemblablement la vérité. Nous espérons qu'elle se dégagera d'elle-même des études qui vont suivre.

LIVRE PREMIER

I

ÉCOLE HISTORIQUE. — ÉCOLE PHILOSOPHIQUE. — BURKE ET FICHTE.

A peine la révolution française avait-elle éclaté,
qu'elle suscitait à l'étranger, aussi bien que parmi nous,
les plus ardentes controverses. De nombreux écrits,
en Angleterre et en Allemagne, étaient publiés pour
et contre les principes, les actes, les acteurs de ce
grand événement. Deux surtout ont survécu à cette
nuée de pamphlets et de brochures : l'un en Angleterre, l'autre en Allemagne, l'un critique, l'autre
approbateur ; l'un, publié en 1790, avait pour auteur
Edmond Burke, célèbre orateur et publiciste Anglais,
l'adversaire de Pitt, l'ami de Fox, avec lequel cependant
il rompit dans une mémorable séance du parlement,

précisément à cause de ses opinions sur la révolution française; l'autre, publié en 1797, avait pour auteur Fichte, l'illustre disciple de Kant, alors dans l'enthousiasme de la révolution, et qui tourna plus tard contre nous cet enthousiasme, lorsque de libérateurs des peuples, nous en fûmes devenus les dominateurs. Le livre de Burke, intitulé *Réflexions sur la révolution de France* (1), fait valoir le principe de la tradition et les droits du passé contre les principes abstraits et métaphysiques de la révolution française : il peut être rapporté à ce que l'on a appelé plus tard l'école historique. L'autre, intitulé *Considérations sur la révolution française* (2), se place au contraire dans le domaine de la pensée pure, et représente les principes de l'école philosophique.

1. *Reflections on the revolution in France.* (Œuvres de Burke, London, 1823, t. V.) Le livre de Burke fut écrit à l'occasion d'un sermon du docteur Richard Price, et d'une adresse envoyée à la suite de ce sermon à l'Assemblée nationale. Ce sont les arguments et les paroles mêmes de Price qui servent de thème à la réfutation de l'auteur. Le livre des *Réflexions* fit la plus grande sensation en Europe. Plusieurs écrivains célèbres y répondirent, même en Angleterre, entre autres, Mac-Intosh, Priestley, et le célèbre Américain Thomas Payne. Benjamin Constant dans ses lettres à madame de Charrière fait allusion, avec beaucoup de mépris, à l'ouvrage de Burke. — Voir sur Burke, les belles *Études sur l'Angleterre au XVIIIᵉ siècle*, de M. Ch. de Rémusat.

2. Cet ouvrage a été traduit en français avec une longue et forte Introduction, par M. Jules Barni. Paris, 1859.

L'Angleterre, habituée depuis longtemps aux discussions politiques, et qui nous avait donné l'exemple
d'une révolution semblable à la nôtre, se montrait à la
fois fière de notre imitation, et inquiète d'en ressentir
les contre-coups. C'est ce second sentiment qui domine
surtout dans le livre de Burke. Il ne manquait pas en
effet alors, même en Angleterre, d'esprits ardents pour
faire remarquer que la constitution Anglaise reposait
ou semblait reposer sur le principe que l'on essayait
d'introduire en France, à savoir le principe de la souveraineté populaire: ce qui pouvait donner lieu de craindre
que l'on n'en tirât les mêmes conséquences. Burke dut
donc s'attacher dans son ouvrage à distinguer les principes qui avaient présidé à la révolution anglaise, et
ceux qu'invoquait la nouvelle révolution. Sans doute, ce
n'est pas un partisan aveugle du passé. Il ne défend
pas, comme les Jacobites, le principe du droit divin et
de l'obéissance passive; mais il soutient que le changement de dynastie qui a eu lieu en Angleterre au
XVIIᵉ siècle, n'a été qu'une « dérogation exceptionnelle » (*occasional deviation*) à la loi de la succession héréditaire, et encore une dérogation que
l'on a essayé de rendre aussi étroite que possible.
« Sans doute, dit-il, on s'écarta un peu pour cette fois

de l'ordre strict et régulier de la succession dans la personne du roi Guillaume. Mais il est contre tous les vrais principes de la jurisprudence d'établir en règle générale une loi faite pour un cas particulier, et pour un individu particulier. *Privilegium non transit in exemplum* (p. 54).... » — « Il est très-aisé, dit-il encore, de concilier avec l'existence d'une règle fixe le fait d'une dérogation exceptionnelle, de concilier le principe de l'hérédité de la couronne avec le pouvoir de changer son application... Cette altération ne peut avoir lieu qu'à l'égard de la partie peccante (*To the peccant part*)... sans décomposer la masse entière du corps politique, sous prétexte de vouloir créer avec les éléments de la société un ordre tout-à-fait nouveau (p. 58). »

Burke reconnaît qu'il doit y avoir, pour qu'une société se maintienne, un « principe de conservation » et un « principe de redressement (1). » Mais ce redressement doit être limité au strict nécessaire, et se rapprocher autant que possible de l'ordre régulier et traditionnel. C'est ainsi que, lors de la révolution de 1688, le roi Jacques II fut censé avoir abdiqué la couronne (p. 59); et le trône dut être considéré comme vacant (p. 67,

1. *The two principles of conservation and correction*, p. 59.

note); » ce qui en permettait l'accès « au plus proche héritier, c'est-à-dire à la reine Marie. Mais on ne doit pas conclure de ce cas particulier un droit général et absolu de détrôner les rois, et de les « casser aux gages (*cashiering*) (1). »

En vertu des mêmes principes, Burke nie que le peuple ait le droit de changer son gouvernement quand il lui plaît, et de s'en faire un à sa fantaisie : « la simple idée de la formation d'un *nouveau gouvernement* suffit pour vous inspirer le dégoût et l'horreur... (2). Nous ne devons ce que nous possédons qu'à l'*héritage de nos ancêtres*... La politique constante de notre constitution a été de réclamer nos libertés comme un héritage qui nous avait été substitué par nos aïeux, et que nous devons transmettre à notre postérité... de la même manière que nous transmettons la propriété et la vie. »

Burke décrit avec éloquence le singulier caractère de cette liberté héréditaire : « En canonisant (*canonised*) ainsi nos ancêtres, dit-il, et en agissant comme si nous étions sous leurs yeux, l'esprit de liberté, qui de lui-même tend aux excès, est tempéré par une gravité

1. P. 72, expression du docteur Price, que Burke reprend plusieurs fois avec affectation.

2. « The very idea of the fabrication of a new government is enough to full us with disgust and horror, p. 74. »

1.

respectueuse ; cette idée d'une transmission glorieuse nous inspire le sentiment d'une dignité natale et habituelle qui garantit de cette basse arrogance, si commune chez les nouveaux parvenus. Par ce moyen, *notre liberté devient noblesse (a noble frecdom)*; elle a sa généalogie, et ses ancêtres illustres; elle a ses supports et ses armoiries; elle a sa galerie de portraits; ses inscriptions, ses archives, ses preuves et ses titres (1). »

C'est cette liberté traditionnelle et historique, fondée sur des monuments, que Burke aurait voulu voir s'établir en France : « Vous auriez pu, dit-il à son correspondant de France, profiter de notre exemple, et en recouvrant votre liberté, lui donner un caractère digne d'elle... votre constitution avait été bien endommagée, bien dilapidée; mais il restait encore des pans de ses vieilles murailles, et vous possédiez en entier les fondations de ce château antique et vénérable (2). »

Au lieu de fonder ainsi la liberté sur les traditions et sur l'histoire du passé, la France a préféré chercher une liberté métaphysique et abstraite, qui échappe à toute formule et à toute limite, et rend toute société impossible. Elle a préparé une mine dont l'explosion fera

1. Page 80.
2. Page 80.

sauter tous les gouvernements : « Cette mine, ce sont *les droits de l'homme* (1). » On attendrait ici de Burke une critique un peu approfondie de cette théorie des droits : c'est ce qu'il ne fait pas. Il se borne lui-même à des objections générales : « De quel usage, dit-il, pourrait être pour guérir, ou pour alimenter les hommes, une discussion abstraite sur les droits de l'homme ? Je conseillerai toujours d'avoir plutôt recours au fermier, ou au médecin qu'aux professeurs de métaphysique. » Objection analogue à celle d'Aristote contre Platon : « A quoi peut servir, dit-il, à un charpentier pour la pratique de son art la contemplation du bien en soi ? » (*Ethique à Nicom.*, l. I, c. III.) Les prétendus droits de l'homme sont des idées trop simples et trop abstraites pour donner lieu à aucune application précise. Il n'en est pas ainsi dans la réalité : « Les droits métaphysiques, introduits dans la vie commune... sont réfractés et réfléchis dans un si grand nombre de directions qu'il est absurde d'en parler comme s'il leur restait quelque ressemblance avec leur simplicité primitive.... Tous ces droits prétendus sont extrêmes; et autant ils sont vrais métaphysiquement, autant ils sont faux moralement et publiquement. Les droits de l'homme sont

1. Pages 119 et suivantes.

dans une sorte de *milieu*, qu'il est impossible de définir, quoiqu'il ne soit pas impossible de l'apercevoir. »

Et cependant Burke lui-même, sans s'en douter, nous fait une énumération des droits (1), qui n'est pas au fond bien différente de la déclaration de la Constituante : « Tous les hommes, dit-il, ont droit à la justice ; et ce droit leur appartient contre tous les plus forts de même que contre les plus faibles. Ils ont droit à tous les produits de leur industrie et à tous les moyens de la faire fructifier. Ils ont droit d'appartenir à leurs père et mère. Ils ont le droit d'élever et de perfectionner leurs enfants. Ils ont droit aux instructions pendant leur vie, avec consolation pour le moment de leur mort. Quelque chose qu'un homme puisse entreprendre séparément pour son propre avantage, sans empiéter sur l'avantage d'un autre, il a le droit de le faire : il a en commun avec toute la société un droit incontestable à prendre sa part dans tous les avantages combinés d'industrie ou de force qu'elle possède. » Voilà ce que Burke appelle les vrais droits de l'homme ? En quoi une telle table des droits diffère-t-elle de celle de 89 ? C'est ce qu'on ne voit pas clairement. Sans doute Burke exclut expressément

1. Page 110.

et absolument le droit de souveraineté. Mais la doctrine
des droits de l'homme est indépendante de celle de la
souveraineté du peuple. Hors cette question réservée,
l'énumération de Burke est à peu de chose près la
table même des droits de l'homme, peut-être même un
peu plus ample qu'il ne conviendrait : car le dernier
droit signalé par Burke, à savoir le droit de participer
à tous les avantages de la société, pourrait être aisément transformé par un socialiste moderne en un droit
au travail, ou un droit à l'assistance, ou un droit au
bonheur commun. Quoi qu'il en soit, l'exemple de Burke
lui-même nous prouve que, s'il y a lieu de discuter sur
le nombre et la définition des droits particuliers, il est
impossible d'en éluder le principe.

Il est permis sans doute de regretter que la révolution ait débuté par une préface métaphysique ; il était
inutile et peut-être dangereux de formuler ces droits
sous une forme abstraite et absolue, qui en rendait
l'application très-difficile ; mais peut-être après tout
n'est-ce là qu'une question de forme et de conduite ; et
en examinant de près ce décalogue célèbre des droits
de l'homme et du citoyen, peut-être trouverait-on que
les droits réclamés étaient précisément cette moyenne
de besoins légitimes et nécessaires auxquels les mœurs,

les lumières, les intérêts grandissants avaient graduellement amené les esprits, et que, s'il y a eu une explosion soudaine et effroyable, c'est que ces besoins n'a-
vaient pas été satisfaits à temps.

Il faut d'ailleurs, dans cette célèbre déclaration, distinguer les principes de l'ordre politique et ceux de
l'ordre civil. Autant les premiers ont été impuissants
jusqu'ici à nous donner un ordre politique quelconque,
autant les seconds ont été vivaces et énergiques malgré
de partielles et passagères mutilations. C'est un fait
que les principes de la déclaration des droits sont
précisément ce qu'il y a eu de plus solide et de plus
persistant dans l'histoire de nos révolutions. Tous les
établissements politiques qui ont essayé de se fonder ont
péri les uns après les autres, et c'est encore un problème de savoir si une révolution aussi radicale peut
enfanter et supporter un gouvernement; mais, tandis
que les constitutions périssaient, les bases sociales posées par la déclaration des droits demeuraient inébran-
lables. La charte de 1814, aussi bien que la constitution
de 1852, reconnaissait explicitement ces principes fondamentaux. Bien plus, ces principes tendaient à devenir
les principes de toute société civilisée, et l'aristocratique Angleterre elle-même y pliait peu à peu, sage-

ment et graduellement, son immuable constitution.

Il sera sans doute éternellement regrettable que la
révolution française n'ait pu se dénouer, comme l'eût
désiré Burke, par une transaction entre le passé et l'a-
venir, entre l'aristocratie et la démocratie, la royauté et
le peuple, entre la tradition et le progrès, entre le privilége et le droit. Nul doute qu'un progrès continu et
régulier ne vaille mille fois mieux que ces évolutions
brusques qui détruisent tout, et ont en outre le malheur
de produire dans la suite toutes sortes de contre-coups
où s'épuisent les forces des peuples. N'oublions pas
cependant les faits et les événements qui rendaient si
difficile, peut-être impossible la transaction que les critiques regrettent, et que l'on doit regretter avec eux.

Burke, prévenu par le modèle qu'il avait en Angleterre sous les yeux, croyait trop facilement à la
possibilité d'imiter en France un pareil exemple. Montesquieu semble avoir mieux vu quand il a dit : « Dé-
truisez dans un pays monarchique les prérogatives des
corps, vous aurez bientôt un état despotique ou *un
état populaire.* » Qu'avait donc fait l'ancienne monarchie, et cela depuis deux ou trois siècles? Elle avait
détruit toutes les libertés héréditaires : communes, parlements, aristocratie, états-généraux, clergé, tout avait

été effacé, détruit, nivelé au profit du prince. Comment reconstruire ce vieil édifice de la constitution française? Où retrouver les vieilles chartes et les titres de cette liberté traditionnelle, qui eût dû être notre héritage? Burke a bien raison de dire « qu'aucun pouvoir, aucune institution ne peut rendre les hommes différents de ce que Dieu, la nature, l'éducation et les habitudes les ont faits. » Mais en France, précisément, la tradition était niveleuse; c'est la royauté qui, la première, avait commencé à niveler; la démocratie semblait donc en France une conséquence historique, aussi bien que l'aristocratie en Angleterre.

Burke et ses modernes disciples opposent sans cesse à la France l'exemple de l'Angleterre, mais ils ne parlent jamais que de 1688, et ils semblent oublier qu'il y a eu une certaine année 1640, où les Anglais sont loin d'avoir montré ce même esprit de sage réformation sans violence qu'ils ont fait voir cinquante ans plus tard. Oui, sans doute, en 88, les Anglais ont fait une révolution sage et habile, mais c'était quarante-huit ans après la première. Ne semble-t-il pas que ce soit une révolution assez radicale que celle qui a décapité Charles Ier, établi la république en Angleterre et fait de Cromwell un protecteur! En supposant que la France,

comme le voulait Burke, eût dû imiter les Anglais, elle
avait devant elle cinquante ans pour cela. Jusqu'en 1830,
l'Angleterre n'avait pas le droit de nous rien reprocher,
car nous n'avions fait que ce qu'elle avait fait elle-
même. C'est elle qui nous avait donné l'exemple du
régicide, celui de la république, celui du gouvernement
militaire, celui d'une contre-révolution, celui enfin
d'une révolution nouvelle dans une branche cadette.
Que l'on reproche aujourd'hui à la France de n'avoir
pas su encore s'arrêter dans une combinaison raison-
nable et de courir éternellement dans l'inconnu, je le
veux bien; mais Burke n'avait pas ce droit : c'était lui
qui était l'impatient en demandant à la France de s'arrêter du premier coup à cet état que l'Angleterre n'at-
teignit qu'après un demi-siècle.

D'ailleurs, en comparant la révolution française, tantôt á la révolution américaine, tantôt à la révolution anglaise, on ne tient pas compte de la différence des
situations, et de la disproportion des difficultés. Pour
ce qui est de la révolution américaine, par exemple,
qui ne voit qu'elle a été plutôt une *Sécession* qu'une
Révolution? Elle a confirmé par la force des armes
une séparation qui existait déjà matériellement, et qui,
en partie, existait aussi politiquement. Elle n'a pas eu à

déraciner des institutions séculaires et puissantes, et
elle a trouvé en elle-même tout préparés les éléments
de sa réorganisation : ainsi point ou peu de résistance,
par conséquent point de luttes, point d'excès; ou du
moins excès rares et limités. Il faut admirer la sagesse
américaine; mais avouons que cette sagesse a eu du
bonheur. En France, au contraire, de vieilles institutions
qui avaient pu avoir leurs raisons d'être, mais qui ne
répondaient plus à rien, et qui en même temps, comme
le dit Tocqueville, tenaient au corps social tout entier,
ne pouvaient disparaître sans un affreux déchirement,
sans des convulsions terribles. Comment auraient-elles
abdiqué sans résistance, comment la résistance n'eût-
elle pas redoublé l'énergie de l'attaque? La guerre civile
était donc dans la nature des choses; et la guerre civile
a des entraînements funestes sans doute, mais inévitables, tant que les hommes seront des hommes et qu'ils
auront des passions.

La révolution anglaise a eu à détruire beaucoup plus
que la révolution américaine, aussi a-t-elle duré plus
longtemps, et a-t-elle été souillée de beaucoup plus
d'excès. Et cependant, il y avait bien moins à détruire
en Angleterre qu'en France; la liberté religieuse et le
droit de voter l'impôt étaient au fond les seules causes

de la révolution. Les abus du système féodal y existaient sans doute comme en France, mais ils étaient moins sentis qu'ils ne le furent deux siècles plus tard, et ils avaient leurs compensations. En France, lés abus de la féodalité avaient survécu à sa chute politique, et le pays souffrait à la fois et de l'oppression des grands et de celle de la couronne. Les réformes n'ayant pas été faites à temps, tous les abus s'étaient accumulés. Tout fut réclamé à la fois parce qu'on souffrait de tout. La royauté qui avait sans doute été utile aux progrès de la bourgeoisie, ne l'avait pas été autant qu'elle aurait pu l'être ; au lieu de marcher en avant, elle avait souvent rétrogradé. Les demi-garanties qui résidaient dans le Parlement, dans les États provinciaux avaient disparu peu à peu. La tolérance religieuse accordée par Henri IV avait été supprimée par Louis XIV. Sous celui-ci, une certaine liberté permettait encore aux roturiers l'accès des grades militaires : ce fut sous Louis XV que la condition des quatre quartiers de noblesse fut rigoureuse- ment exigée. La taille, à l'origine, nous dit Vauban, avait été un impôt assez doux ; avec le temps, il devint intolérable. L'abus des pensions royales alla toujours en augmentant. De plus, le progrès même des lumières et de la civilisation rendit odieux ce qui avait été insen-

sible aux temps précédents ; par cela seul que la révolution française eut lieu deux siècles plus tard que celle
d'Angleterre, elle dut être plus vaste, toucher à plus de
choses, blesser et menacer plus d'intérêts, susciter de
plus ardentes résistances, et préparer une explosion
plus violente et plus compliquée.

Tandis que Burke se plaçait, dans sa critique, au point
de vue exclusif de l'histoire et de la tradition, le philosophe allemand Fichte, alors dans sa jeunesse, et tout
plein de cette ivresse idéologique et spéculative dont
l'Allemagne s'est bien guérie depuis, développa le point
de vue philosophique avec la naïveté la plus intrépide et
avec une exubérance de phraséologie abstraite, qui au
moins n'était pas au XVIIIᵉ siècle le défaut de nos philosophes. Fichte nous apprend que, « pour juger de la légitimité d'une révolution. » il faut « remonter jusqu'à la
forme originale de notre esprit, » que « c'est de notre moi
non pas en tant qu'il est façonné par l'expérience, mais
du moi pur en dehors de toute expérience (1), » qu'il faut
tirer ce jugement. On voit à quelle subtilité d'abstraction
il faut s'élever, selon le philosophe allemand, pour être
en état de dire son avis sur la révolution française.

1. Introd. (Trad. fr. de M. Jules Barni), p. 71.

A la vérité, Fichte fait une distinction importante : il
y a suivant lui deux choses à distinguer dans une révolution : la légitimité et la sagesse (p. 58). La légitimité
ne peut être jugée que par des principes *a priori* puisés
dans l'essence du moi. Pour ce qui est de la sagesse, il
faut consulter l'expérience. On croit peut-être que l'au·
teur ici va faire quelque concession à l'école historique.
En aucune façon. L'expérience, pour lui, ce n'est pas celle
de l'histoire ; car, « que nous sert-il de savoir combien
il y a eu de grandes monarchies, et quel jour a eu lieu
la bataille de Philippes? » Non, la vraie expérience est
celle de la psychologie : c'est « la connaissance expéri-
mentale de l'âme humaine (p. 177). » C'est là, suivant
lui, la manière de juger la plus solide et la moins sujette
à tromper : « l'histoire vulgaire n'a rien à y voir. »

En résumé, c'est par la morale qu'il faut juger de la
légitimité d'une révolution : c'est par la psychologie
qu'il faut juger de sa sagesse. On ne peut contester le
premier de ces deux principes ; mais le second est bien
obscur, bien vague, et d'une bien difficile application.

Ainsi l'histoire, qui est tout pour Burke, n'est absolument rien pour Fichte : l'un ne voit qu'héritage et
traditions historiques; l'autre s'éloigne avec dédain de
tous les faits politiques et sociaux; il s'enferme dans

son moi pur, et, quand il daigne descendre jusqu'à
l'expérience, c'est encore à l'expérience abstraite sur
l'homme en général qu'il veut avoir recours, et non à
l'expérience vivante et concrète de l'historien. Au reste,
de ces deux questions posées par lui, la légitimité et la
sagesse de la révolution, Fichte n'a guère traité que la
première, et encore sans sortir des plus hautes généra-
lités. Selon lui, la question de savoir si une révolution
est légitime ou non revient à celle-ci : est-il permis à
un peuple de changer sa constitution politique ? Pour
prouver ce droit, Fichte s'appuie sur le principe de Rousseau, c'est-à-dire sur l'idée du contrat social (1). Qui a
vu ce contrat, demande-t-on, où en sont les titres ?
Dans quel temps, dans quel lieu a-t-il été passé ? Fichte
répond qu'il ne faut pas entendre le contrat social dans
un sens historique, que Rousseau lui-même ne l'a jamais entendu ainsi, que ce contrat n'est qu'une « idée, »
mais que c'est d'après cette idée, considérée comme
type et comme règle, que les sociétés doivent agir. Ce
n'est donc pas en fait, c'est en droit que les sociétés
civiles reposent sur un contrat (p. 100). Il suit de ce
principe que les peuples ont toujours le droit de changer
leurs institutions; car les contractants peuvent toujours

1. C. I.

modifier les termes du contrat. Cependant ne se pourrait-il pas faire qu'il fût précisément de l'essence du
contrat social d'être éternel et irrévocable ? Non, car
une telle immutabilité est contraire à la destination de
l'humanité. Cette destination, selon Fichte, est la « culture (p. 107), » c'est-à-dire l'exercice de toutes nos
facultés en vue de la liberté absolue, de l'absolue indépendance à l'égard de tout ce qui n'est pas nous-mêmes,
de tout ce qui n'est pas notre « moi pur » et absolu. En
termes plus simples, l'homme est ici-bas pour se développer, et pour subordonner les objets de la nature sensible à ses facultés morales. Il a donc le droit d'écarter
progressivement les entraves qui s'opposent à son développement intérieur; il a le droit de modifier toutes
les institutions politiques qui n'ont pas pour but le développement de sa liberté; mais il n'en est aucune qui ne
soit plus ou moins pour lui un obstacle. Ainsi nulle
institution n'est immuable; celles qui sont mauvaises et
vont contre le but même de tout ordre politique, doivent
être changées; les bonnes au contraire, celles qui y
tendent, se changent elles-mêmes. « Les premières sont
un feu de paille pourrie qu'il faut éteindre; les secondes,
une lampe qui se consume elle-même à mesure qu'elle
éclaire (p. 127). »

Fichte porte si loin le principe du contrat social, qu'il admet que tout homme a le droit de se soustraire à la société civile dont il fait partie : il reconnaît le même droit à une réunion d'hommes quelconque, et n'est nullement effrayé de ce que l'on appelle un état dans l'état (1). En un mot, il admet le droit de sécession dans son sens le plus absolu ; si maintenant ce droit appartient au plus petit nombre, à plus forte raison au plus grand nombre, à plus forte raison à tous. C'est ainsi que du droit de sécession il passe au droit de révolution.

En se plaçant à un point de vue aussi rigoureusement abstrait, on peut croire avoir écarté toutes les difficultés ; mais on n'en résout aucune. Nul doute qu'un peuple considéré in abstracto n'ait toujours le droit de faire les institutions qui lui plaisent ; mais en réalité, un peuple n'est jamais dans cet état de nature idéal que l'on imagine pour la facilité de la solution. Il est toujours dans un état civil et politique déterminé, il obéit à des pouvoirs légaux, et en dehors de ces pouvoirs légaux, rien ne se fait de droit. La question est donc celle-ci : y a-t-il des cas, et quels sont-ils, où le peuple, convoqué ou non par l'autorité légale, redevient

1. C. III, p. 161 et suiv.

souverain, et est autorisé à faire table rase et à reconstruire un édifice absolument nouveau? C'est là le vrai
problème que soulève la révolution française. Or, quelque large part que l'on puisse faire au dogme de la
souveraineté populaire, il est bien difficile d'admettre
que, le jour où les états-généraux ont été réunis, le roi
a cessé d'être roi, la noblesse a cessé d'être noblesse,
les parlements d'être parlements, en un mot que toutes
les institutions ont été suspendues, et que le peuple est
rentré dans l'état de nature. Aucune société humaine ne
peut subsister sans une certaine forme de légalité, écrite
ou non écrite, sans un certain ordre civil et politique ;
elle est soumise à cet ordre jusqu'à ce qu'elle l'ait rem-
placé, et elle ne peut le transformer qu'en s'y soumet-
tant, c'est-à-dire d'accord avec lui. En droit pur et
abstrait, un peuple, par cela seul qu'il est rassemblé
dans ses comices, est le seul souverain ; en droit historique et positif, l'ensemble des institutions établies représente seul la loi, et rien n'y peut être changé sans
le concours et le consentement des pouvoirs légaux.
Tel est le problème dont Fichte ne paraît pas avoir
compris toute la difficulté.

Il a confondu le droit de révolution avec le droit de
changer la constitution. Nul doute qu'un peuple ne

puisse, d'accord avec les pouvoirs légaux, changer sa
constitution ; mais le peut-il en dehors de ces pouvoirs ? Fichte soutient très-bien qu'aucune constitution
n'est immuable ; l'histoire suffit pour nous montrer
qu'aucun gouvernement n'est jamais resté identique à
lui-même, et s'est constamment modifié. Mais le problème posé par la révolution est tout différent. Le voici :
comment sortir d'un ordre légal devenu funeste, sans
le consentement de ceux en qui cet ordre est incarné,
et qui en sont les représentants historiques ?

Admet-on le principe absolu de la souveraineté populaire, il s'ensuivrait qu'à chaque période électorale,
toutes les lois, toutes les institutions seraient suspendues,
et que l'humanité recommencerait à priori une nouvelle
existence ; ce qui est inadmissible ; car la formation du
corps électoral et ses opérations sont elles-mêmes le
résultat de la loi. D'un autre côté, le droit historique
pris à la rigueur entraîne des conséquences non moins
extrêmes ; car, tant qu'il n'y a pas de constitution écrite,
les pouvoirs légaux sont la plupart du temps usurpés
sur un état légal antérieur. La monarchie absolue, en
France, était un état révolutionnaire par rapport à la
féodalité ; le droit historique était pour les grands seigneurs contre Richelieu et Mazarin. Le pouvoir usurpa-

teur devient-il donc légal à son tour pour peu qu'il
dure? S'il en est ainsi, il suffira à une révolution de
franchir le premier moment, pour devenir elle-même
l'état légal, et au bout de quelque temps, ce sera elle
qui sera l'état historique et traditionnel, au même titre
que ce qu'elle a renversé. Les deux théories semblent
donc conduire à des absurdités.

Il résulte de là qu'il n'y a, ... de critérium absolu et
a priori qui puisse permettre de juger de la légitimité
d'une révolution. C'est une question d'appréciation, et
le jugement doit être composé à la fois du droit historique et du droit philosophique, de la légalité et de
la justice.

Appliquons ce principe à la révolution française.
Sans se demander si un peuple a le droit de changer
son gouvernement, nous dirons seulement qu'un peuple
ne doit pas périr par les institutions qui sont chargées
de le conserver. Or la royauté française, en 89, non-
seulement était devenue impuissante, mais elle s'était
déclarée elle-même impuissante par l'appel aux états-
généraux. Après avoir essayé de tous les moyens,
voyant qu'il lui était absolument impossible de gouverner, elle a rassemblé la nation; par là même, elle
abdiquait comme puissance absolue : en appelant la

nation à partager sa responsabilité, elle l'appelait à
partager le pouvoir; car, s'il ne peut point y avoir de
pouvoir sans responsabilité, il n'y a pas non plus de
responsabilité sans pouvoir. La nation à son tour, et
cette partie de la nation la plus nombreuse, à savoir
la classe productive et laborieuse, à laquelle on venait
demander de sauver les finances de l'état, avait le droit
de prendre des garanties pour l'avenir, et par conséquent d'être délivrée des entraves qui pesaient sur elle.
Ainsi l'abolition du régime féodal et de la royauté absolue était implicitement contenue et avouée d'avance
dans la convocation des états-généraux. Ces deux points
sont les deux articles essentiels de la révolution française. Elle est donc à la fois, dans son principe, non-
seulement juste, mais encore légitime. Quant aux événements ultérieurs que le conflit des intérêts et des
passions et les complications extérieures ont pu amener,
quant au degré de destruction ou de transaction auquel
on eût dû s'arrêter, quant aux déviations qui se sont
produites, ce sont là des questions qu'il n'appartient
qu'à l'histoire de résoudre, et qui échappent à toute
appréciation générale. Ceux qui défendent encore aujourd'hui la révolution ne sont nullement obligés d'en
accepter toutes les phases et tous les accidents. L'essen-

tiel de cette révolution est dans l'abolition de l'ancien
régime : or, l'ancien régime abdiquait lui-même par
l'impuissance où il était de gouverner. La révolution est
donc juste en elle-même, quelque erronée et quelque
coupable qu'elle ait pu être dans ses développements.

II

ÉCOLE MYSTIQUE ET THÉOCRATIQUE. — SAINT-MARTIN
ET JOSEPH DE MAISTRE

L'histoire et la philosophie ne sont pas les deux seuls points de vue auxquels on puisse se placer pour juger les événements humains. Au-dessus de l'un et de l'autre est le point de vue religieux. Lorsqu'il ne s'agit que des faits ordinaires de la vie des peuples, non-seulement il n'est pas habituel, mais il est indiscret d'y faire intervenir d'une manière trop précise la Divinité : c'est presque la rabaisser que de lui donner à jouer un rôle au milieu des petites passions et des vulgaires intérêts qui s'agitent dans les affaires des hommes. Mais lorsque les événements prennent de vastes proportions, lorsqu'ils

provoquent, par leur grandeur inattendue, l'étonne-
ment, l'admiration, l'épouvante, c'est alors que le penseur et le croyant échappent difficilement à la tentation
de voir dans ces grandes crises la présence vivante et la
main terrible de la Providence. L'évêque Salvien nous
apprend que, lors des grandes invasions, les peuples
étonnés se demandaient avec effroi : « Pourquoi des Romains, pourquoi des chrétiens étaient-ils vaincus par des
barbares ? » De même Joseph de Maistre nous apprend
que les vaincus de la révolution éprouvaient la même
surprise, et ne pouvaient rien s'expliquer de ce qui se
passait devant eux : « *Je n'y comprends rien*, c'est le
grand mot du jour. Comment ! les hommes les plus coupables de l'univers triomphent de l'univers ! » De part
et d'autre à la même question, même réponse. Les invasions, comme les révolutions, étaient un châtiment
divin : « Nous sommes jugés, disait Salvien, par un jugement de Dieu, et c'est pour notre perte qu'a été envoyée contre nous cette race qui marche de pays en pays,
et de ville en ville, ravageant tout sur son passage : c'est
la main céleste qui les a poussés en Espagne pour châ-
tier les forfaits des Espagnols : c'est elle qui les a con-
traints de passer en Afrique pour tout dévaster. Eux-
mêmes avouaient que ce qu'ils faisaient n'était pas leur

œuvre, et qu'ils étaient poussés par un ordre divin. »
Un même sentiment d'effroi et de sévère mysticisme a
dû s'emparer des âmes à la vue des destinées prodi-
gieuses de la révolution, et de cette nouvelle invasion
des barbares, comme l'appelait Mme de Staël, aussi
meurtrière, aussi dévastatrice que celles qu'avait vues
Salvien.

Ce sentiment se fait jour dans deux penseurs très-
différents, mais liés par quelques traits communs, et
qui ont donné l'un et l'autre de la révolution française
une théorie analogue : Saint-Martin, le philosophe, le
hardi et candide mystique ; Joseph de Maistre, l'auteur
du *Pape*, l'éloquent et intrépide théocrate ; l'un passablement hérétique, plus préoccupé du ciel que de la
terre, l'autre plus orthodoxe, mais beaucoup plus atten-
tif aux intérêts de la terre qu'à ceux du ciel ; l'un
plutôt ami, l'autre l'adversaire déclaré de la révolution. Tous deux lui prêtent un sens religieux, l'un plein
de l'espoir qu'elle va réaliser l'idéal mystique qui
est dans son âme et aboutir à une forme nouvelle de
religion ; l'autre la croyant appelée au contraire à se
terminer par la restauration de tout ce qu'elle a détruit.

C'est dans une *Lettre à un ami* (1) que Saint-Martin

1. *Lettre à un ami sur la révolution française*, Paris, l'an III,

a exprimé ses vues sur la révolution et a ouvert la voie à M. de Maistre. Saint-Martin est un des premiers qui aient signalé dans la révolution non-seulement un grand événement de l'histoire de France, mais encore un événement de l'histoire de l'humanité : « C'est, dit-il, la révolution du genre humain (1). » Il y voit « la Providence s'y manifester à tous les pas. » « C'est une fièvre, une opération magique. » Quelle est donc la signification de cet événement providentiel ? C'est une grande expiation, c'est « une miniature du jugement dernier. » C'est une figure dans laquelle est représenté d'une manière successive tout ce qui, dans cette crise finale et suprême, se réalisera instantanément. La France a été « visitée (2) » la première, et très-sévèrement parce que c'est elle qui a été la plus coupable ; les autres nations ne seront pas plus épargnées qu'elle.

La révolution française est donc, pour Saint-Martin aussi bien que pour Joseph de Maistre, une expiation ;

---

sans nom d'auteur. Nous devons la communication de cet opuscule assez rare et si curieux, à notre collègue et ami, M. Caro, dont on connaît l'intéressant écrit sur *la Vie et la Doctrine de Saint-Martin*. Nous avons aussi consulté l'ouvrage de M. Matter sur Saint-Martin.

1. *Lettre à Liebisdorf*, 30 prairial an III (voir Matter).

2. *Ibid.* Ces diverses expressions sont empruntées soit à la lettre à Liebisdorf, soit à la *Lettre à un ami* (p. 13, 17).

seulement pour le premier, cette grande expiation est
beaucoup moins le châtiment de la philosophie impie
du xviii⁰ siècle (1) que de l'idolâtrie chrétienne représentée par le sacerdoce catholique. Il fait remarquer
que la révolution a frappé plus durement le clergé
que la noblesse (p. 13). La noblesse est bien pour lui
« une excroissance monstrueuse; » mais elle n'avait
plus beaucoup à perdre dans la révolution, la royauté
et ses ministres l'ayant depuis longtemps abaissée. Ce
sont surtout les prêtres qui sont l'objet de ses ana-
thèmes, parce qu'ils étaient encore « dans la jouis-
sance de tous leurs droits factices et de toutes leurs
usurpations temporelles. » On doit les regarder « comme
les plus coupables et même comme les seuls auteurs de
tous les torts et de tous les crimes des autres ordres. » -
C'est le clergé, dit encore Saint-Martin, qui est « la
cause indirecte des crimes des rois. » C'est lui qui, tout
en parlant sans cesse de Dieu, n'a cherché « qu'à établir son propre règne. » Il a couvert la terre de temples
matériels « dont il s'est fait la principale idole. » Il a
« égaré et tourmenté la prière » au lieu de lui ouvrir
un libre cours. « Il a transformé tous les droits bien-

1. Il considère Jean-Jacques comme « un envoyé », comme « un
prophète ». (P. 33.)

faisants qu'il avait reçus en une despotique dévastation, et un règne impérieux sur les consciences. » Il a fait de ses livres sacrés « un tarif d'exactions. » En un mot, Saint-Martin voit dans les prêtres « les accapareurs des subsistances de l'âme, » et ce sont eux que la Providence a eus particulièrement en vue dans le cours de la révolution.

La révolution étant une grande crise expiatoire, quel en est le but, et quel en doit être l'effet ? Ce but est essentiellement religieux. La Providence, dit notre auteur, s'occupe plus des choses que des mots (p. 18). Les guerres du xvie siècle, que l'on appelle des guerres religieuses, n'ont été que des guerres politiques. La guerre de la révolution, qui semble n'être qu'une guerre politique, est au fond une guerre religieuse. Cette guerre est « la crise et la convulsion des puissances humaines expirantes, se débattant contre une puissance neuve, naturelle et vive. » On peut dire à ce spectacle, comme les mages de Pharaon à la vue des prodiges de Moïse : « Ici est le doigt de Dieu. » Le but suprême de tous ces prodiges est de conduire les peuples à la sublimité de la théocratie divine, « spirituelle et naturelle, quelle que soit la forme de leur gouvernement (p. 75). » Ainsi cette grande crise n'est qu'un signe annonçant une restauration ultérieure et « un plan positif de renouvellement. »

Saint-Martin n'était pas après tout un ennemi de la révolution, bien qu'il plaçât à un rang très-secondaire le but politique et social qu'elle poursuivait. Il en partageait les passions contre l'ancien régime, contre les rois, les nobles et les prêtres, et, s'il y voyait un châtiment, c'était surtout le châtiment du passé. Joseph de Maistre au contraire est un adversaire absolu, irréconciliable, de la révolution (1). Pour lui, elle est mauvaise « radicalement ; » elle est « un événement unique dans l'histoire ; » mais pourquoi? C'est qu'elle est un événement « satanique » (p. 77). Cependant, si mauvaise qu'elle soit et même précisément parce qu'elle est un mal absolu, il faut se garder de croire qu'elle n'ait été qu'un accident dû à quelque cause superficielle. La révolution est « une grande époque, » c'est un événement vraiment providentiel, c'est « une révolution décrétée, » c'est « un miracle » dans le sens propre du mot. La fatalité en est le caractère le plus saisissant. « La révolution mène les hommes plus que les hommes ne la mènent » (p. 6). N'est-ce pas le mot de Salvien : *Barbari compelluntur inviti?*

Dans cette voie de justification à rebours, en quelque sorte, De Maistre est conduit à parler de la révolution

1. Voir son livre *Considérations sur la France*, 1795.

et de son génie fatal exactement comme feront plus
tard les sectateurs fanatiques du jacobinisme. Pour lui,
comme pour eux, la France accomplit « une mission »
(p. 11) dans le monde, et la révolution fait partie de
cette mission. Seulement, pour les jacobins, la mission
de la France est d'établir le règne de la raison et de l'é-
galité; pour Joseph de Maistre, cette mission est d'être
la nation très-chrétienne. La France ayant méconnu
et trahi cette mission au XVIII° siècle, ayant porté les
mains sur l'arbre sacré qu'elle était chargée de protéger
et de faire fleurir, a dû être châtiée en proportion de son
péché. Le crime ayant été immense, la punition doit
l'être. La révolution est une expiation.

Pourquoi punir les innocents pour les coupables, dira-
t-on? C'est qu'il n'y a point d'innocents. La nation tout
entière est coupable du plus grand attentat qui ait été
commis, de l'attentat contre le souverain, la mort de
Louis XVI. « Il y a eu des nations condamnées à mort au
pied de la lettre » (p. 21). Le peuple français semble
l'avoir compris, tant il s'est prêté passivement à son
propre châtiment. « Jamais le despote le plus sanguinaire
ne s'est joué de la vie des hommes avec tant d'insolence,
le jamais peuple passif ne se présenta à la boucherie
avec plus de complaisance. Le fer et le feu, le froid et

3

la faim, les souffrances de toute espèce, *rien ne le dé-
goûte de son supplice.* »

A ce point de vue d'un fatalisme farouche et judaïque,
la Terreur s'explique aisément; il fallait que ce fût la
révolution qui se châtiât elle-même. La contre-révolution
n'eût jamais pu faire justice, car les juges auraient
appartenu à la classe offensée; d'ailleurs l'autorité légitime garde toujours quelque modération dans le châtiment des crimes; lorsqu'elle passe certaines bornes,
elle devient odieuse. Ainsi, suivant De Maistre, les jacobins, en se dévorant les uns les autres, ont travaillé à
se rendre odieux pour épargner la nécessité des supplices à la monarchie légitime. Ils ont fait plus, ils ont
sauvé la France. « Qu'on y réfléchisse bien, on verra
que le mouvement révolutionnaire une fois établi, *la
France et la monarchie ne pouvaient être sauvées
que par le jacobinisme...* Comment résister à la coali-
tion? par quel moyen surnaturel briser l'effort de
l'Europe conjurée? *Le génie infernal de Robespierre
pouvait seul opérer ce prodige* » (p. 24-25) (1).

Saint-Martin et de Maistre ont fait preuve de profon-

1. Voir encore, p. 37 : « Il faut toujours remonter au Comité de
salut public, qui fut *un miracle*, et dont l'*esprit gagne encore des
batailles*; » et encore, p. 117 : « C'est toujours Robespierre qui
gagne les batailles. »

deur et de sagacité en reconnaissant dans la révolution
le caractère d'un événement général de l'histoire du
monde. La révolution est sans doute un événement providentiel, et annonce une ère nouvelle dans le monde.
Il est permis de dire aussi, à la vue du fanatisme san-
glant du génie révolutionnaire, que c'est en même
temps un événement satanique. Satanique et providentiel, tel est bien le double aspect de la révolution : telle
elle se présente encore à nos yeux aujourd'hui. Enfin il
est vrai de dire qu'elle est une expiation, expiation
de deux siècles de despotisme et de licence. Si ces deux
écrivains ont bien caractérisé la révolution française
dans son présent et dans son passé, on peut dire que
leur sagacité a été en défaut quand ils ont essayé de
prophétiser l'avenir ; car d'une part, en fait de renouvellement religieux, rien ne s'est produit de semblable
à ce qu'avait rêvé Saint-Martin, ou du moins tout ce
qui a été essayé en ce genre a misérablement échoué.
D'autre part, la restauration religieuse de l'ancien ordre
social, la contre-révolution prédite par Joseph de
Maistre paraît plus éloignée que jamais. La lutte entre
l'église et la révolution s'accentue de jour en jour.
L'église est de plus en plus refoulée dans l'ordre spirituel, et l'ordre temporel s'inspire au contraire de plus

en plus de la révolution, c'est-à-dire de l'esprit philosophique; enfin sans pouvoir déterminer encore avec précision le but et les résultats suprêmes de la révolution,
il semble bien que ce but consiste plutôt dans une puri-
fication ou extension des principes de 89 que dans une
rétractation de ces principes.

Peut-être cependant nos deux prophètes ne parais-
sent-ils s'être trompés que parce que leur vue s'étend
au-delà de ce que nos regards peuvent embrasser aujour-
d'hui; peut-être ce qu'ils ont prédit se réalisera-t-il,
quoique sous une forme différente de celle qu'ils ont cru
entrevoir. Qui sait si l'Église, lorsque la lutte encore
toute brûlante sera terminée ou apaisée, ne trouvera pas
dans la liberté moderne une puissance d'action qu'elle
ne soupçonne pas, et qui lui servira à restaurer un
empire plus solide que celui qu'elle aura perdu? Qui sait
si, en dehors de l'Église, tous ces éléments confus et
divergents de rénovation religieuse, qui témoignent au
moins d'un besoin réel et profond, ne trouveront pas à
s'organiser autour d'un centre commun, et si la vieille
forme chrétienne, rajeunie et transformée, ne sera pas
elle-même encore ce foyer commun? Mais en criti-
quant les prophètes, évitons de prophétiser à notre
tour; tout ce que l'on peut dire à l'heure qu'il est,

c'est que le monde européen, s'il ne veut pas périr comme l'empire romain, doit trouver un symbole religieux qui puisse arracher les âmes au double mal qui se les dispute aujourd'hui : un brutal athéisme et une plate idolâtrie.

L'idée théologique est l'idée dominante du livre de De Maistre; elle n'est pas la seule. Comme Burke, il soutient les principes de l'école historique, mais avec une précision et une portée d'esprit supérieure. Tout le XVIIIᵉ siècle est parti de l'idée que l'on pouvait appliquer à la société les lois de la raison pure, que la politique est une science, fondée sur des principes à priori, tirés de l'idée de la société même, ou de la nature humaine en général. C'est cette philosophie qui s'est traduite à la révolution dans l'acte célèbre de la déclaration des droits de l'homme.

L'idée fondamentale de J. de Maistre est absolument opposée. Elle consiste au contraire à considérer la société comme un organisme vivant, où tout se développe spontanément, et non par un mécanisme artificiel et abstrait, où les institutions sont l'œuvre du temps et de l'histoire, où toutes choses, aussi bien le progrès que la chute, sont le résultat du passé. De là ces maximes, fortes et profondes, de forme un peu paradoxale, mais

qu'on doit avoir toujours présentes à l'esprit. En voici
quelques-unes : « Aucune constitution ne résulte d'une
délibération ; les droits des peuples ne sont jamais écrits.
— Plus on écrit, plus l'institution est faible. — Nulle
nation ne peut se donner la liberté, si elle ne l'a pas. —
Rien de grand n'a eu de grands commencements » (1). etc.

Pour de Maistre, comme pour Burke, la grande erreur
de la révolution a été la proclamation abstraite « des
droits de l'homme, » comme s'il y avait quelque part un
être vivant et concret qui s'appelât l'homme : « Il n'y a
pas d'homme dans le monde. J'ai vu des Français, des
Italiens, des Russes ; mais quant à l'homme, je déclare
ne l'avoir jamais rencontré de ma vie (2). » Cette
objection spirituelle est une de celles qui ont eu le plus
de succès ; elle a été souvent reproduite, elle l'est encore. Est-elle aussi solide que spécieuse ? Il est permis
d'en douter. Ne pourrait-il pas se faire qu'il y eût quelque part dans le monde un peuple dont précisément la
fonction propre serait de transformer en idées générales les faits sociaux, un peuple qui préférerait l'abstrait
au concret, l'universel à l'individuel, un peuple qui,

1. *Consid. sur la France*, p. 94 ; *Principe générateur des
institutions politiques* ; Préface.
2. *Considér.*, p. 102.

doué au pius haut degré de l'instinct de sociabilité,
chercherait plutôt dans les hommes ce qu'ils ont de
commun que ce qu'ils ont de différent, un peuple plus
préoccupé de ce qui doit être que de ce qui a été,
renonçant volontiers à la tradition pour obéir à ce qu'il
croit la raison, un peuple philosophe, non à la manière
des Allemands, qui n'entendent par philosophie que la
métaphysique, ou à la manière des Anglais, qui n'y voient
qu'un pur empirisme, mais pour qui la philosophie, c'est
la justice et l'équité? Or, si ce peuple s'éclaire, si les
abus continuent de s'augmenter en même temps que la
raison se forme, si, à un moment donné, il éclate un
conflit entre l'esprit public et les institutions existantes
devenues surannées, ne sera-t-il pas vrai qu'en réclamant
des droits généraux et universels, en proclamant des
droits de l'homme, ce peuple sera précisément fidèle à
sa propre nature, à son propre génie, à ses propres traditions? Ne craignons donc point, malgré les critiques du
patricien théocrate et de ses modernes disciples, d'ap-
plaudir à la révolution, parce qu'elle a essayé d'établir les
droits de l'homme en général au lieu de priviléges historiques. Nous ne blâmons pas ceux chez qui la liberté est
noblesse et héritage ; mais nous avouons qu'elle est pré-
férable encore lorsqu'on la possède à titre de droit. Pour-

quoi l'homme ne chercherait-il pas à se rapprocher de jour en jour davantage de l'essence de l'homme ? Ce beau titre « d'homme » n'a rien qui soit indigne de qui que ce soit. Il a pour lui l'antiquité profane : *homo res sacra homini*, dit Sénèque; il a l'antiquité sacrée : *faciamus hominem ad imaginem nostram*. Eh quoi! lorsque Dieu créa le premier homme, notre théocrate eût-il pu lui dire qu'il ne connaissait pas l'homme en général, mais seulement des Anglais, des Français et des Russes? Adam était-il donc Anglais ou Russe? Qu'était-il? Homme, et rien davantage.

C'est aussi bien le génie du christianisme que de la philosophie de rattacher les hommes à un type commun et en quelque sorte à une idée pure. La révolution ne s'est donc pas trompée en proclamant les droits de l'homme; elle s'est trompée, comme le catholicisme du moyen-âge, en les imposant par le fer et par le feu.

III

ÉCOLE CONSTITUTIONNELLE ET LIBÉRALE. — Mme DE STAEL.
MM. THIERS ET MIGNET.

Tandis que l'école aristocratique et théocratique re-
poussaient et réprouvaient la révolution absolument et
sans réserves, l'école constitutionnelle, tout en répudiant ses excès, s'efforçait timidement de lui faire sa
part, et bientôt la jeune école libérale de la restauration, plus hardie, allait en entreprendre la défense avec
éclat. Dès 1792, Mounier lui-même, l'un des premiers
cependant qui eussent désespéré, et qui dès les journées d'octobre avait abandonné l'assemblée constituante,
où, croyait-il, il n'y avait plus de bien à faire, Mounier,
dans le livre même où il demandait une contre-révolu-

3.

tion (1), faisait la critique la plus sévère de l'ancien régime, et en déclarait le rétablissement impossible. Il justifiait les premiers actes des états-généraux auxquels il avait participé, à savoir la réunion des ordres et le serment du Jeu de Paume, et ne trouvait la révolution illégitime qu'à partir du moment où elle l'avait dépassé : disposition fréquente en temps de révolution, où chacun prend sa propre opinion pour critérium absolu du vrai et du faux.

A la même nuance d'opinion, bien qu'avec plus d'ouverture d'esprit et quelque degré de plus de hardiesse et d'espérance, se rattachait Mme de Staël, dont on connaît les belles *Considérations sur la révolution française* (2). Malheureusement pour nous, ce sont plutôt des mémoires sur la révolution, et surtout sur M. Necker, qu'une appréciation théorique et générale. On y trouvera des vues justes et fines sur les événements, plutôt qu'un jugement sur l'ensemble. On peut en extraire cependant deux considérations importantes. La première est cette pensée souvent citée, « qu'en France c'est la liberté qui est ancienne, et le despotisme qui est nou-

1. Mounier, *Recherches sur les causes qui ont empêché les Français de devenir libres.* Genève, 1792.

2. Paris, 1818. M. Necker lui-même avait écrit aussi un livre sur *la Révolution française*, dans les mêmes principes que sa fille.

veau (1). » La seconde, c'est qu'avant 89 la France n'avait
pas de constitution politique, et que c'est le droit d'un
peuple d'avoir une constitution (2).

Mme de Staël s'armait, pour défendre la révolution,
des objections mêmes dirigées contre elle. On reprochait
à la révolution d'avoir voulu créer un ordre de choses
tout nouveau en fondant la liberté sur une terre profondément monarchique ; on répétait avec De Maistre que
nul peuple ne peut se donner la liberté s'il ne l'a déjà.
Mme de Staël, en cela d'accord avec Burke (combien de
fois n'arrive-t-il pas que des adversaires pensent la même
chose ?), répondait que, si la France n'avait plus la liberté
en 1789, elle l'avait eue autrefois ; elle montrait, après
Retz, Fénelon, Montesquieu, que, s'il y avait eu usurpa-
tion, c'était de la part de la monarchie qui s'était faite
graduellement absolue, bien qu'elle ne l'eût pas toujours
été. Ainsi la liberté réclamée en 89 n'était pas seulement de droit naturel, elle était aussi de droit historique. Sans doute l'école aristocratique comme l'école
libérale pouvaient invoquer cet argument en faveur d'une
restauration quasi féodale ; mais cette restauration même
n'eût pu avoir lieu sans révolution.

1. 1ʳᵉ partie, C. II.
2. *Ibid.*, C. XI.

Mme de Staël n'avait pas plus de peine à montrer que la France, en 1789, n'avait plus de constitution, si même elle en avait jamais eu. Excepté en effet le principe de l'hérédité monarchique, excepté encore la loi salique, il serait difficile de retrouver ce que l'on appelle les lois fondamentales de l'ancienne monarchie. « Cependant, disait Mme de Staël, c'est le droit d'un peuple d'avoir une constitution, et ce droit était reconnu par les partisans mêmes de la monarchie traditionnelle (1). » La révolution, au moins en principe, était donc légitime. A la vérité, ce prétendu droit pour un peuple d'avoir une constitution pourra paraître encore une utopie abstraite, car nous sommes devenus aussi sceptiques en matière de constitution qu'on était confiant et candide en 89. Cependant ce serait ne pas comprendre la question, et opposer un préjugé à un autre, que d'invoquer contre Mme de Staël notre scepticisme actuel à l'égard de ces « chiffons de papier » qu'on appelle des constitutions écrites. On peut très-bien soutenir, et c'est

1. M. de Monthion, chancelier du comte d'Artois, dans un écrit publié en 1796, *Rapport à sa majesté Louis XVIII*, commençait par déclarer, selon Mme de Staël, que, s'il n'y avait pas de constitution en France, la révolution était justifiée : car tout peuple a droit d'avoir une constitution politique. Seulement cet auteur essayait de prouver, comme M. de Calonne, que la France avait une constitution ; mais Mme de Staël le réfute très-solidement.

notre opinion personnelle, que les meilleures constitutions sont celles qui se créent chaque jour par l'usage,
par la pratique, par l'expérience, et non par des com-
binaisons abstraites; soit; toutefois, pour que ce per-
fectionnement pratique des constitutions soit possible,
il faut évidemment qu'il y ait déjà des institutions pré-
existantes, les plus simples de toutes, si l'on veut, mais
enfin quelques institutions qui puissent se modifier et
se développer avec le temps; et, lorsqu'il n'y en a pas
du tout, comment voulez-vous qu'elles se perfection-
nent? Ceux qui raillent nos dix ou douze constitutions
comme des œuvres vaines ont raison, s'il s'agit des
théories propres à chacune d'elles; ils ne remarquent
cependant pas que, de toutes ces constitutions, il s'est
dégagé, par la pratique, un certain nombre de principes
durables; par exemple, le droit de voter l'impôt; le principe représentatif, plus ou moins limité, plus ou moins
libre; la séparation des pouvoirs; le droit d'une représentation municipale et départementale, etc. Sans doute
l'application de ces principes a pu être, à certaines époques, plus ou moins fictive; il en a été souvent de même
en Angleterre, et cependant nous vantons et envions les
traditions anglaises. Il faut donc reconnaître que, malgré
tant de révolutions, il s'est produit en France depuis

89 quelques germes de traditions politiques; mais en 89 même, ces germes, tels quels, n'existaient pas, et il s'agissait de les faire naître ou de les faire renaître, chose impossible sans une révolution.

Tel était l'ordre d'idées de l'école constitutionnelle; elle répudiait la révolution violente; elle l'abandonnait presque à l'origine, les uns aux journées d'octobre, les autres même au 14 juillet; cependant toute l'école était d'accord pour soutenir que l'ancien régime avait mérité sa chute, et qu'à aucun prix il ne devait être rétabli. Ces principes étaient ceux de toute l'école libérale sous la restauration; une partie de cette école les poussait beaucoup plus loin. C'était le temps où deux jeunes écrivains, depuis illustres, liés d'amitié, d'opinions, d'études communes, entreprenaient en même temps de nous donner, l'un la vaste épopée, l'autre le précis sévère de notre révolution nationale. MM. Thiers et Mignet, appartenant tous deux au parti libéral, tous deux alors dans l'ardeur de la jeunesse, et ayant imprimé à leurs histoires, encore aujourd'hui si vivantes, et l'esprit de leur âge et l'esprit de leur temps.

Ces deux écrivains, à la vérité, mêlent rarement à leurs récits des jugements abstraits et des vues théoriques, et ne paraissent pas aspirer, comme ceux qui les

ont suivis, à la haute philosophie. Ils n'ont pas mis
deux ou trois dogmes en tête de leurs ouvrages, comme
devant être les principaux personnages de leurs récits;
ils n'ont pas mis en scène l'autorité, l'égalité, la liberté,
la fraternité, toutes ces hypostases abstraites, qui font
ressembler certaines histoires à un drame hégélien; ils
ont été, ils n'ont voulu être qu'historiens. Leur histoire
n'en a pas moins un esprit, une pensée, un but. Ce
but, c'est la défense de la révolution; c'est sa justification, et peut-être même sa glorification. Ils l'aiment et
la défendent jusque dans les moments les plus terribles
et les plus extrêmes. Sévères pour les crimes et sans
jamais offenser la pitié, ni l'humanité, ils plaident la
cause de la patrie, en quelques mains qu'elle soit re-
mise; condamnant le terrorisme des jacobins, ils ne
désapprouvent pas leur dictature, et nous laissent cette
impression qu'après tout le plus important était de sauver la France. Ces vues hardies, présentées avec une
habile modération et une vive lumière, eurent une pro-
digieuse influence. La France, qui aimait la révolution,
fut heureuse d'apprendre qu'elle ne s'était pas trompée
autant qu'elle l'avait cru, et elle se réjouit de pouvoir
admirer quelque chose, même dans ce qu'elle détestait.

Ce qu'il y a d'exagéré dans la thèse de ces brillants

écrivains s'explique d'ailleurs aisément par le temps
où ils ont écrit. Il était alors convenu dans les salons
du parti dominant, que la révolution n'avait été qu'un
grand crime et une grande folie. La France avait
été ivre pendant vingt-cinq ans; il fallait la remettre à
la raison. Tel était le langage des royalistes, même
modérés. Il nous est facile aujourd'hui d'être froid et
impartial à l'égard de la révolution française; mais si
nous nous reportons à ces temps de lutte, si nous avions
encore en face de nous les folles passions des émigrés
qui voulaient retrancher vingt-cinq ans de notre existence nationale, nous comprendrions mieux les vives
sympathies qui accueillirent les apologistes hardis et ha-
biles de la révolution. Cette défense peut se ramener
aux deux points suivants : d'une part, ce sont les résistances inopportunes et les provocations imprudentes du
parti de la cour qui ont en partie causé les entraine-
ments et les excès révolutionnaires, de l'autre c'est l'invasion de la France qui a rendu nécessaire la dictature
qui l'a sauvée.

S'il est vrai que dans les fautes de la révolution il
faut faire une large part à l'inexpérience politique des
constituants et aux passions aveugles du parti révolutionnaire, il ne faut pas non plus oublier la part de res-

ponsabilité qui revient à la cour et à l'émigration dans
les entraînements déplorables qui ont suivi. Cette responsabilité remonte jusqu'avant la révolution, et par là
même elle est d'autant plus grande; car s'il est difficile,
pour ne pas dire impossible, de contenir une révolution
déchaînée, qui oserait dire qu'on ne peut la prévenir
par de sages réformes? Or, sans méconnaître ce qui a
été fait par Turgot et Malesherbe, par Necker lui-même,
qui ne sait que c'est l'opposition des courtisans qui a
provoqué la chute de ces sages ministres, qui ne sait
que la cour s'est toujours opposée à la réduction des
dépenses, c'est-à-dire des faveurs, que les privilégiés
ont toujours refusé l'égalité des charges, que les parlements eux-mêmes y mettaient obstacle? Qui ne sait que
dès l'origine des états généraux, les deux ordres privilégiés s'obstinèrent à refuser de se fondre dans la nation,
ce qui permettait de leur supposer le parti-pris de main-
tenir les priviléges? Qui ne sait que dès le 14 juillet,
commençait la première émigration, le comte d'Artois
donnant le premier l'exemple d'un prince du sang courant l'Europe pour mendier des secours contre sa patrie?
Si l'on doit déplorer les journées d'octobre, et même
le 14 juillet, le premier de ces coups de force qui devaient plus tard se multiplier tant de fois parmi nous,

ne sait-on pas aussi quelles imprudences de la cour ont
provoqué ces désordres? Si l'on doit croire à la sincé-
rité de Louis XVI, né, comme le dit M. Mignet, pour
être un roi constitutionnel, peut-on en croire également
à celle de Marie-Antoinette, doublement imbue des maximes despotiques, et comme fille d'Autriche et comme
reine de France? Si l'on doit regretter enfin que les
sages idées constitutionnelles n'aient pas pris le dessus
dans la constitution de 91, ne sait-on pas que la droite
s'unissait à la gauche pour faire avorter toutes les idées
modérées?

A ces provocations du dedans s'unit la provocation du
dehors pour amener la révolution à ce degré d'exaltation
qui l'a rendue à la fois si criminelle et si puissante. La
France en effet doit à sa situation continentale ce privilége que rien de ce qui se passe chez elle n'est indifférent aux autres peuples. Un changement de société en
France est un changement de société en Europe, et par
conséquent intéresse tous les états. On prétend que la
France n'a pas été réellement menacée par l'Europe (1). Peu importe; que la France se soit crue me-

1. C'est l'opinion de l'historien allemand M. de Sybel; mais la partialité révoltante de son histoire permet de mettre en doute la
valeur de son témoignage. Nous aurons lieu du reste d'étudier de
plus près sa manière de juger la révolution.

nacée ou qu'elle l'ait été en réalité, dans les deux cas,
elle a pu considérer comme une résolution nécessaire à
son salut de prendre l'offensive pour éviter d'être surprise. N'y avait-il pas des émigrés à la frontière, un
camp à Coblentz, des princes cherchant partout des
alliés contre leur pays? La France était fatalement en-
tourée d'ennemis. On doit donc accorder aux deux savants historiens que les résistances du passé et les provocations du dehors ont contribué pour une large part
aux excès de la Révolution française.

Je crois qu'il faut leur accorder également qu'une
certaine concentration de pouvoirs était nécessaire. C'est
une loi qui résulte de l'histoire de tous les temps et de
tous les pays, que la guerre civile et la guerre étrangère
exigent toujours et amènent inévitablement une augmen-
tation de force entre les mains du pouvoir. La guerre de
Louis XIV contre la Hollande mit le pouvoir entre les
mains du parti stathoudérien, qui était le parti militaire
opposé aux de Witt, chefs de la bourgeoisie libérale. La
dictature en temps de guerre est de tous les régimes, et
convient même particulièrement aux régimes libres, lesquels sont organisés pour la paix et non pour la guerre;
mais la dictature n'est pas la tyrannie, et s'il est permis
d'approuver et même d'admirer le pouvoir hardi qui a

sauvé l'unité et l'intégrité de la France, il faut le détes-
ter pour l'avoir ensanglantée et déshonorée par une
tyrannie sanguinaire. On veut toujours confondre ces
deux choses, nous faire admirer la Terreur parce qu'elle
a été liée à la délivrance de la patrie, ou nous faire
oublier la délivrance de la patrie parce qu'elle a été liée
à la Terreur. Ce sont deux choses différentes; on peut
rendre justice au Comité de Salut Public tout en l'exé-
crant; on peut l'admirer et le maudire, il n'y a là nulle
contradiction. Ceux qui ne veulent rien accorder au
Comité de Salut Public sont obligés de dire que la délivrance de la patrie a été un effet sans cause, ou encore
que les gouvernements ne servent à rien, puisque sans
rien faire de bien, et même en ne faisant que le mal, ils
peuvent obtenir des succès prodigieux. Ceux au contraire
qui voient dans le terrorisme la cause des succès de la
Révolution sont obligés d'avouer que le crime peut être
utile, et qu'il est permis quand il est utile. Cette seconde
opinion est odieuse; la première est déraisonnable.

M. Thiers et M. Mignet ont donc eu raison d'introduire
dans leur histoire le double principe des circonstances
explicatives et des services rendus. La stricte équité historique nous oblige à faire cette double part dans l'appréciation des événements humains. Il est très-vrai que la

révolution a été provoquée, ce qui explique en partie ses
fureurs : il est très-vrai aussi que la Convention a sauvé
le pays malgré sa tyrannie. Mais il faut convenir que ces
deux principes sont d'une application bien difficile, car
les circonstances explicatives peuvent se transformer en
circonstances nécessitantes ; et au nom des services rendus, on peut être conduit sinon à justifier le mal, du
moins à l'excuser comme un accompagnement nécessaire du bien ; et l'on glisse sur la pente du fatalisme. On
sait que les éminents historiens n'ont pas toujours
échappé à ce danger. Sans doute, le fatalisme dans leurs
livres n'est pas systématique et prémédité ; il y est
inconscient, mais quelquefois sous une forme très accen-
tuée. En un mot, ils se sont laissé trop entraîner par
leurs principes. Ne voyant pas comment une autre histoire eût été possible, ils ont été conduits à croire que
celle qui a été était nécessaire. C'est là une pente dangereuse sur laquelle il faut s'arrêter. Nous rendons justice
à la Convention et au Comité de Salut Public et leur
savons gré des services rendus à la patrie ; mais après
tout, rien ne nous prouve que les mêmes services ou de
plus grands n'eussent pu être rendus par un pouvoir
plus régulier et plus humain. On peut concevoir comme
possible une certaine concentration de pouvoir et d'au-

torité qui n'aurait pas été celle des jacobins. Entre l'a-
narchie et le despotisme il y a bien des degrés ; la dictature elle-même a les siens. D'ailleurs n'avons-nous
pas le droit en histoire de dire que telle chose n'aurait
pas dû être, même quand on ne saurait dire comment
elle eût pu être autrement? Le dogme de la liberté
morale ne réclame nullement des historiens qu'ils recon-
struisent rétroactivement une histoire qui n'a pas existé.
Il est permis de dire que Louis XI a été un méchant
homme, sans être chargé d'expliquer ce qu'eût été l'histoire de Louis XI s'il eût été un saint Louis. De telles
hypothèses sortent du rôle sévère de l'historien, dont
l'objet n'est pas le possible, mais le réel. Il n'a pas à
dénouer les difficultés théologiques et métaphysiques du
libre arbitre ; placé à un point de vue purement pratique,
il a à la fois le droit d'expliquer les faits et le devoir de
les juger ; en faisant la part des causes secondes, ce qui
est le rôle de la science, il ne sacrifie pas pour cela la
conscience morale, qui est d'un autre ordre, et d'un
ordre supérieur à la science elle-même.

Si les nobles esprits qui ont les premiers repris en
main la défense énergique de la révolution française
sont tombés dans quelques excès, la faute en est surtout au temps où ils ont écrit. C'était le temps où la

révolution croyait encore en elle-même, et n'était pas arrivée au doute et au scepticisme. Elle n'en était pas encore à faire son examen de conscience, et ses amis la défendaient, comme on l'attaquait, avec l'ardeur un peu tranchante de la jeunesse et de la passion.

IV

A mesure que la révolution s'éloigne de ses origines,
on voit se former peu à peu et grandir une sorte de
mythe révolutionnaire qui peut nous expliquer les
vieilles légendes traditionnelles des peuples primitifs.
La révolution devient un dogme; tous ses actes sont hé-
roïques et sacrés; ses instruments, même les plus vils,
sont des prêtres chargés des immolations et des sacrifices. Le fanatisme révolutionnaire, comme tous les fa-
natismes, se complaît surtout dans la partie la plus
aiguë et la plus violente de son dogme. Ce ne sont plus
les constituants, ce n'est plus la gironde, c'est la mon-

tagne; ce n'est pas même toute la montagne, c'est le jacobinisme qui seul a le droit de représenter la révolution dans sa pureté, dans sa vérité, dans son idéal. Tout ce qui est en deçà est réaction; tout ce qui est au-delà est ultra. Entre le dantonisme et l'hébertisme, il n'y a qu'un parti qui ait le vrai sens de l'orthodoxie révolutionnaire : c'est la petite église de Robespierre et de Saint-Just.

C'est sous le gouvernement de juillet que s'est fait jour et qu'a dominé, surtout dans les écoles démocratiques, cette théorie absurde de la révolution française. Au lieu de comprendre, comme le disait alors le pénétrant Tocqueville, que c'est l'ignorance et le mépris de la liberté qui a été le vice et le crime de la révolution, que c'est par là surtout qu'elle est incomplète et débile, l'école démocratique était exclusivement préoccupée de l'idée d'égalité, traitait la liberté en ennemie, la proscrivait sous le nom d'individualisme; et, au lieu d'en apprendre au peuple le mâle exercice, elle le corrompait par un mirage décevant, celui de la fraternité. Ces vues étaient communes à deux branches importantes de l'école démocratique : la branche démocratico-catholique représentée par M. Buchez, et la branche socialiste représentée par M. Louis Blanc. Il s'était fait dans

4

ce temps de travail confus des esprits et de pensées
nuageuses, un singulier mariage entre la pensée catholique et la pensée révolutionnaire. Tandis que le catholicisme officiel et orthodoxe rétrogradait jusqu'en deçà
de 89, que l'encyclique de Grégoire XVI condamnait les
doctrines libérales de *l'Avenir*, tandis que d'autre part
Lamennais lui-même sacrifiait son catholicisme à ses
nouvelles idées politiques, l'école confuse et prétentieuse
de Buchez persistait à soutenir je ne sais quel catholicisme jacobin qui, malgré l'absurdité souvent odieuse de
ses doctrines, a eu sa part d'influence et d'action dans
le mouvement démocratique de notre siècle.

L'*Histoire parlementaire de la révolution*, œuvre
très-utile d'ailleurs par les documents qui y sont ras-
semblés, fut le produit de cette conception malsaine et
bâtarde, dans laquelle quelques idées justes servent de
passeport aux idées les plus dangereuses et les plus ré-
voltantes. C'est ainsi par exemple qu'on ne peut que
louer les auteurs de l'*Histoire parlementaire* lorsqu'ils
blâment l'assemblée constituante d'avoir sacrifié l'idée
de devoir à l'idée de droit. Il est certain que le droit,
sans son corrélatif le devoir, devient bien vite un principe dissolvant. Exiger toujours quelque chose des autres sans rien exiger de soi-même, imposer tous les

devoirs au gouvernement et ne s'en imposer aucun,
réclamer la liberté sans respecter les lois, ne connaître
d'autre devoir que d'être en armes contre une autorité
quelconque, tel est le vice révolutionnaire dans son essence ; et le principe du droit mal entendu peut, chez les
esprits faux et les âmes serviles, porter de telles conséquences ; mais il est douteux que ce fût dans ce sens que
Buchez entendait ce qu'il appelait le devoir social. Pour
lui, la formule assez vague d'ailleurs « que le droit
émane du devoir (1), » signifiait que la société, avant de
proclamer les droits des individus, doit reconnaître ses
propres devoirs et non les leurs, que les droits des individus ne sont autre chose que l'accomplissement à
leur égard des devoirs de la société. Or, ces devoirs de
la société, quels sont-ils? Ils se résument en un seul
mot, en un mot chrétien : la fraternité, devoir social
supérieur au droit individuel; la fraternité, vrai principe de l'égalité et de la liberté. La révolution se trouvait donc avoir le même principe que le christianisme :
l'égalité par la fraternité.

Tout en faisant reposer la révolution sur un principe
chrétien, Buchez n'entendait pas prendre en main la
cause de l'Église catholique. L'Église, selon lui, avait

1. *Hist. parlement.*, t. II, préface, p. 5.

été l'interprète infidèle de l'Évangile ; elle avait « ju-
daïsé, » elle judaïsait encore en reconnaissant les priviléges de la race (1). Comment la révolution pouvait-elle
être chrétienne et même catholique en dehors de l'Église
et même malgré l'Église? C'est ce qu'on n'expliquait
pas. On pourrait croire que les auteurs de l'*Histoire
parlementaire* entendaient l'idée chrétienne dans un
sens large et philosophique, et non pas au point de vue
du dogme révélé. Ce serait une erreur : c'est bien du
christianisme dogmatique et orthodoxe qu'il s'agit.
« Tout doit être positif, écrivaient-ils ; or ce positif, on
ne le trouve nulle part ailleurs *que dans la révélation* (2). » Robespierre, tout admiré qu'il est, est cependant blâmé de n'avoir été que déiste. Napoléon est loué
d'avoir rétabli le culte (3). Bien plus, les auteurs se séparent énergiquement du principe protestant, où ils ne
voient, comme l'abbé de Lamennais, que le principe de
l'individualisme, « la souveraineté du moi » (4). A cette
souveraineté du moi, ils opposent la souveraineté du
peuple, comme la doctrine commune de la révolution

---

1. *Histoire parlement.*, t. IV, préface, p. 4.
2. *Ibid.*, t. XXXIII, préface.
3. *Ibid.*, t. XXIV, préf., p. 8.
4. *Ibid.*, t. XV, préface

et du catholicisme (1). « La souveraineté du peuple est
catholique en ce qu'elle commande à chacun l'obéissance à tous; elle est catholique en ce qu'elle comprend
le passé, le présent et l'avenir, c'est-à-dire toutes les
générations. Elle est catholique en ce qu'elle tend à
faire de toute la société humaine une seule nation soumise à la loi de l'égalité. Elle est catholique enfin en ce
qu'elle émane directement de l'enseignement de l'É-
glise (2). »

Qu'est-ce maintenant que la souveraineté du peuple
suivant nos catholiques démocrates? Serait-ce, comme
le croient quelques-uns, le principe protestant trans-
porté de la religion dans la politique? Nullement, c'est
ici que l'école se dévoile et laisse éclater ses vrais principes. « La souveraineté du peuple, disent-ils, ne signifie autre chose que *souveraineté du but* d'activité
commune qui fait une nation (3). » Ce principe de la
souveraineté du but paraît appartenir en propre à l'école
catholico-révolutionnaire; par là, elle allait se rejoindre
à l'école démagogique et jésuitique de la ligue, et en
effet les auteurs de l'*Histoire parlementaire* réunis-

1. *Histoire parlement.*, t. XIV, p. 12 et suiv.
2. Il serait plus juste de dire *de l'école*; en effet, dans les écoles
scolastiques on enseignait la souveraineté du peuple.
3. *Histoire parlement.*, t. XIX, p. 12.

sent dans une admiration commune le jacobinisme et la ligue. L'un et l'autre, nous disent-ils, ont sauvé l'unité française, proposition étrange pour ce qui est de la ligue, qui voulait une royauté espagnole. Ligue et jacobinisme ont ce mérite commun d'admettre et de pratiquer le principe de la souveraineté du but. Comment ce principe est-il identique à celui de la souveraineté du peuple? Le voici. Le but de la société, but révélé par l'Évangile, poursuivi par la révolution, c'est la fraternité, c'est-à-dire l'égalité, c'est-à-dire l'abolition de tous priviléges, aussi bien des priviléges de la bourgeoisie que ceux de la noblesse et du clergé : égalité de tous, voilà le but. Maintenant l'individu peut se tromper sur son but d'activité, mais l'universalité du peuple ne se trompera pas (1). Qui dit souveraineté du peuple dit donc souveraineté du but. « Tout se faisant par le peuple, tout se fera pour le peuple. » Cependant, en identifiant ainsi le peuple et le but, Buchez donnait bien à entendre qu'il ne se fiait pas beaucoup à cette sorte d'infaillibilité populaire, car c'était au pouvoir gouvernemental qu'il attribuait ce qu'il appelait « le principe initiateur » (2), et la souveraineté du peuple, déjà con-

1. *Histoire parlementaire*, t. IV, p. 4.
2. *Ibid.*, t. V. p. 1.

fondue avec la souveraineté du but, finissait par se
confondre avec la souveraineté de ceux qui avaient la
conscience de ce but, privilége qui pendant la révolution n'avait appartenu qu'aux seuls jacobins; c'est ainsi
que les jacobins se trouvaient investis du rôle qui semblait ne devoir appartenir qu'à l'église, à savoir le rôle
de décréter infailliblement le dogme du devoir social.

Il est remarquable que de toutes les écoles révolutionnaires, celle qui est allée le plus loin dans l'apologie
des crimes révolutionnaires est précisément celle qui se
couvrait d'un faux vernis de catholicisme. Elle cumulait
en effet le fanatisme des deux écoles, et trouvait moyen
d'envelopper dans une apologie commune et les massacres de septembre et la Saint-Barthélemy (1). Jamais le
principe de la souveraineté du but ne s'est affiché avec
un plus grossier cynisme que dans cette apologie du
« fait de septembre, » comme ils l'appellent. Ce fait,
disent-ils, fut « une mesure de salut public. » Si nous
les condamnons, c'est à cause de notre « inintelligence
des causes qui commandèrent à nos ancêtres. » Nous
n'avons plus « les haines » de cette époque, comme si
la haine était une circonstance atténuante; en général,
ceux qui tuent ne le font guère par amour de l'huma-

1. Voir la préface tout entière du tome XIX.

nité. D'ailleurs la plupart des victimes étaient « coupables; » les huguenots l'étaient de « fédéralisme, » les
autres de « contre-révolution. » On ne peut nier que le
fait de septembre n'ait accompli « une fonction utile »
dans l'ordre fatal de la révolution. C'est là, ajoute-t-on,
tout ce que l'on peut dire « pour la justification » de
ces journées, et c'est bien assez.

Ce n'est là du reste pour les auteurs de la révolution
parlementaire qu'une occasion d'expliquer dans toute
son audace le beau principe de la souveraineté du but.
Leur critérium politique est ce qu'ils appellent « la certitude morale. » C'est, selon eux, l'unique juge de
toutes les discussions. Ceux qui se mettent « en hosti-
lité » avec cette certitude morale, ou qui même mon-
trent « de l'incrédulité, » ceux-là « ne font pas partie
de la société, » et il est permis de les traiter « en ennemis. » Sans doute la société peut, si elle le veut,
« les tolérer, » mais elle n'y est pas obligée; elle peut
les priver de tout moyen d'action et d'influence; il serait
absurde que la société accordât à ceux qui ne la recon-
naissent pas « le bénéfice de la protection. » Il n'y a
pas « de droits » pour ceux qui méconnaissent « le devoir national. » Bien plus, la société a le droit de les
déposséder « d'avance » et avant qu'ils n'aient agi. Il

suffit qu'on puisse les désigner « nommément. » Alors
on peut « procéder » à leur égard, et « ils n'ont rien à
réclamer. » Ainsi est justifiée la loi des suspects et tout
le terrorisme révolutionnaire. L'histoire fournit d'ailleurs bien des exemples de ce mode sommaire de justice admis par nos apôtres de fraternité; ils le recon-
naissent, et s'en servent comme de preuves, tout en
reconnaissant qu'il est dangereux d'avoir recours à de
telles exécutions quand elles n'ont pas en vue « l'intérêt du but social. »

Tels sont les scandaleux sophismes d'une école doublement démagogique et doublement fanatique, qui as-
sociait les fureurs surannées des ligueurs aux fureurs,
toutes vivantes encore, des jacobins, école insensée qui
ne réussissait qu'à rendre odieux à tous les honnêtes
gens les principes de la révolution et de la démocratie,
entretenait dans le parti républicain un fanatisme farouche et stupide, et n'enseignait au peuple d'autre
vertu que l'amour et l'espoir de la tyrannie. Sans doute
les indigestes préfaces de Buchez (1) ne paraissaient pas

1. M. Michelet, dans son *Histoire de la révolution*, est admi-
rable lorsqu'il parle de ces monstrueuses préfaces. Ce serait, suivant
lui, au baron d'Eckstein, écrivain déjà par lui-même passablement
obscur, que Buchez et son collaborateur auraient emprunté le fond
de leurs idées : « Comme ce brouillard, ajoute-t-il, leur semblait
encore trop clair, ils y ajoutent tout ce qu'ils ont d'ignorances, de

de nature à faire beaucoup de mal, tant elles étaient illisibles; néanmoins elles ont eu une véritable influence dans le parti révolutionnaire, fort peu instruit, comme on sait! Elles en alimentaient la polémique; elles lui fournirent sa philosophie. Cette philosophie peut se résumer en deux mots : la révolution française, sauf la période jacobine, n'a été faite que par l'individualisme et pour l'individualisme, par et pour la bourgeoisie. Il faut une révolution nouvelle qui soit faite par et pour le peuple, par et pour le principe de la fraternité.

Nous sommes tout à fait confondus aujourd'hui, avec nos idées actuelles, quand nous lisons dans les écrits de ce temps que le tort de la révolution française aurait été de sacrifier l'égalité à la liberté. Depuis vingt ans, c'est le reproche contraire que nous avons entendu faire de toutes parts. Bien loin de la blâmer d'avoir exalté l'individu et exagéré le principe de liberté, on l'accuse au contraire d'avoir étouffé la liberté et l'individu; on l'accuse d'avoir hérité de Richelieu et de Louis XIV, et d'en avoir suivi les traditions; on lui re-

confusions, de malentendus. Les ténèbres bien épaissies, redoublées par des non-sens, ils se sont là-dessus commodément établis, et là ont fait un tel mélange de formules, d'abracadabras, que rien de pareil n'a eu lieu depuis la scène des trois sorcières de Macbeth. Vous entendez du dehors toutes sortes de doctrines violées, accouplées, torturées, hurler dans la nuit. »

proche la centralisation, l'excès d'unité, l'amour d'une
égalité abstraite ; la prédominance du point de vue social sur le point de vue individuel.

Au fond cependant ces deux genres de critiques ne
s'excluent point l'une l'autre autant qu'on pourrait le
croire, et l'école aristocratique les cumulait à la fois. La
nouvelle école démocratique lui empruntait ses prémisses
pour en tirer d'autres conséquences. Elle reconnaissait
avec de Maistre et de Lamennais que la révolution avait
déchaîné l'individu ; mais au lieu de réclamer en faveur
des institutions patriarcales et ecclésiastiques du passé,
elle rêvait pour la société tout entière un rôle d'arbitre
souverain entre tous les intérêts humains, de tuteur des
faibles contre les forts, des pauvres contre les riches.
L'état, comme l'empereur en Chine, aurait été en quelque
sorte « le père et la mère » de ses sujets. Cette tutelle
qui, suivant l'école aristocratique, devait être entre les
mains des nobles et du clergé, devait, suivant l'école
socialiste, vu la déchéance de ces deux classes, passer
entre les mains de l'état ; mais, séparées sur le remède,
ces deux écoles s'entendaient sur le mal, à savoir l'a-
narchie, identique, suivant l'une et l'autre, à ce que
nous appelons la liberté.

L'écrivain qui a exprimé ces vues de la manière la

plus systématique et la plus tranchante est, comme on
sait, M. Louis Blanc, dans son *Histoire de la Révolution française*. Voici toute sa philosophie : il y a trois
principes d'organisation sociale : l'autorité, la liberté,
la fraternité. Le principe d'autorité a régné dans tout le
moyen âge : il a eu toute son expression dans le pouvoir pontifical et ensuite dans la monarchie absolue. La
liberté ou l'individualisme, deux choses que M. Louis
Blanc confond perpétuellement, a fait son apparition
dans le monde avec Luther : il a triomphé avec la révolution française. La fraternité est le principe de l'avenir ;
il apparaît déjà cependant dans la révolution : c'est lui
qui combat avec la Montagne et avec Robespierre : c'est
ce principe qui succombe au 9 thermidor.

Toute l'histoire de la révolution se résume pour Louis
Blanc dans cette lutte entre le principe de l'individualité
et le principe de fraternité. Cette lutte commence déjà
dans la philosophie du xviiie siècle, qu'il divise en
deux écoles : l'une fondée tout entière sur le principe
du droit individuel, l'autre qui poursuit la réalisation
de la liberté par l'union et par l'amour : celle-ci « fille
de l'Évangile, » celle-là « issue du protestantisme. » A
la première, M Louis Blanc rapporte Voltaire, d'Alem-
bert, Helvétius, Montesquieu, Turgot, et à la seconde

J.-J. Rousseau, Mably, Morelly et même Necker. Voilà pour la philosophie. Dans la révolution, le principe de l'individualisme est soutenu par les constituants et les girondins, le principe de la fraternité par la montagne et Robespierre.

Le principe de l'individualisme devait amener le règne de la bourgeoisie; car pour M. L. Blanc, ainsi que pour MM. Buchez et Roux, individualisme et bourgeoisie, c'est une seule et même chose. Voici comment s'établit cette confusion. La liberté, c'est l'émancipation de chacun, c'est le droit de lutter les uns contre les autres, chacun avec ses chances, ses avantages et ses faiblesses : or dans cette lutte celui qui possède, c'est à-dire qui a entre les mains le capital et les instruments de travail, est nécessairement le plus fort : ce sera toujours lui qui l'emportera; ce sera lui qui s'instruira, qui s'enrichira, qui prendra possession du gouvernement de la société : or cette classe possédant, capitalisant, accaparant les instruments de travail, l'instruction, même la moralité, c'est la bourgeoisie. L'individualisme ou liberté ne profitera donc qu'à la bourgeoisie.

On sait avec quelle amertume toute l'école socialiste critiquait la société bourgeoise née de la révolution. Qu'avait-elle fait? Elle nous avait donné, disait M. Louis

5

Blanc, une affreuse anarchie morale sous le nom de liberté d'esprit, une oligarchie de censitaires sous le nom de liberté politique ; enfin, sous le nom de liberté de l'industrie, « la concurrence du riche et du pauvre au profit du riche. » Au lieu de cela quel était, quel devait être le rôle de la bourgeoisie? « Prendre l'initiative d'un système qui fasse passer l'industrie du régime de la concurrence à celui de l'association, qui généralise la possession des instruments, qui institue le pouvoir *banquier du pauvre*, qui en un mot abolisse l'esclavage du travail. »

C'est au nom de ces principes que M. Louis Blanc fait le procès à l'assemblée constituante ; il lui reproche de n'avoir abattu l'aristocratie de la noblesse et du clergé que pour y substituer une aristocratie bourgeoise, et d'avoir substitué les priviléges de fortune aux priviléges de naissance. Pour donner corps à ces accusations, il invoque la division en deux classes de citoyens : citoyens *actifs* et citoyens *inactifs*, distinction fondée sur la propriété. Dans toutes ces réformes des constituants, qu'y avait-il pour le peuple? L'abolition des titres de noblesse flattait la vanité des bourgeois : en quoi profitait-elle au peuple ? L'accaparement des biens du clergé ne servait qu'à ceux qui pouvaient en acheter.

Le vote libre des impôts était-il utile à ceux qui ne payaient pas même de contributions? Sans doute tout cela était juste et utile; mais rien de tout cela ne profitait à la classe pauvre. Cependant, après ces amères critiques, M. Louis Blanc reconnaît que dans les campagnes « le sort du peuple a reçu une *immense* amélioration. » Il est difficile de se contredire et de se démentir soi-même avec une plus parfaite sérénité.

Les girondins ont sans doute été plus loin que les constituants, et on devrait au moins leur savoir gré d'avoir été républicains. M. Louis Blanc leur reproche deux choses : le fédéralisme et l'individualisme. Encore leur pardonne-t-il leur fédéralisme, fort peu prouvé d'ailleurs, comme on sait; mais leur individualisme est le même que celui des constituants. C'est toujours la prédominance exclusive de la classe bourgeoise, le principe du droit individuel, et l'oubli des devoirs sociaux, exigés par le principe de la fraternité. Pour le prouver, il met en présence le projet de déclaration des droits de la constitution girondine rédigée par Condorcet, et le projet de Robespierre lu et approuvé aux jacobins. Comme l'a très-bien fait remarquer M. Edgar Quinet, Robespierre tenait assez peu à ses idées sur la propriété exposées aux jacobins; et il n'a nullement réclamé en leur faveur, lors de l'adoption définitive de la constitution de 93, laquelle est si peu socialiste, que sa définition de la propriété est précisément la même que celle du code civil (1).

L'étrange idée qui consiste à faire représenter le principe de la fraternité par les hommes de la terreur est empruntée par Louis Blanc aux auteurs de l'*Histoire parlementaire*. Ce qui lui appartient en propre, c'est d'avoir substitué au principe chrétien le principe socialiste ; tandis que les premiers ne voyaient dans le jacobinisme qu'un catholicisme inconscient et inconséquent, M. Louis Blanc y voit un socialisme anticipé. Ce sont là deux erreurs historiques aussi graves l'une que l'autre sur lesquelles nous ne voulons pas insister, aimant mieux en laisser la réfutation aux historiens démocrates, à MM. Michelet et Quinet, qui, parlant du sein même du sanctuaire, ont une autorité privilégiée pour condamner et combattre ces doctrines malsaines et sophistiques.

1. M. Edg. Quinet a remarqué avec beaucoup de sagacité, en comparant les dates, que les idées prétendues socialistes de Robespierre sur la propriété, ont été soutenues par lui, soit aux Jacobins, soit à la Convention, quelques jours avant le 31 mai, c'est-à-dire lors de la lutte contre les Girondins ; mais, quinze jours après la chute définitive de ceux-ci, il a complétement oublié les quatre articles proposés par lui précédemment et a laissé voter, sans aucune protestation, la déclaration des droits de 93, où le principe de la propriété est si énergiquement exprimé.

Ce qui est évident aujourd'hui pour tout le monde,
c'est que la guerre faite à ce qu'on appelle l'individualisme, c'est la guerre à la liberté, et que cette guerre
ne peut en rien profiter au progrès de la fraternité
parmi les hommes, mais se fait au profit du despotisme.
Ce qui est évident encore, c'est que l'association du
terrorisme et de la fraternité est une association monstrueuse, et qui ne sera pas moins odieuse parce qu'elle
se fera au nom de la démocratie au lieu de se faire au
nom de l'Église. Tuer les hommes par amour de l'humanité est un scandaleux défi à la conscience humaine.
On ne doit pas reprocher sans doute à M. Louis Blanc
d'avoir approuvé le terrorisme comme système, car il
proteste plus d'une fois contre ce système, et il combat
avec énergie le principe du salut public. Il n'en est pas
moins vrai cependant que les terroristes, suivant lui,
sont les seuls qui représentent l'idée de la révolution, et
qu'elle a rétrogardé dès qu'ils ont été vaincus. Son idéal
(cruauté à part) n'en est pas moins une démocratie éga-
litaire et autoritaire, niveleuse et despotique, distribuant
à tous le pain quotidien, un couvent profane, n'ayant
pas même les consolations du couvent religieux, à savoir
l'espoir d'un autre monde et d'une vie meilleure. Ce
rêve abstrait, né à la fois de la sophistique et de l'ima-

gination, qui entraîne tant d'âmes vers de vagues et inapplicables conceptions, au lieu de les retenir dans la recherche pratique des conditions réelles de la liberté et de l'égalité parmi les hommes, ce système provocateur des haines sociales qui ne demandent qu'à naître dans une société compliquée, a fait à notre pays les plus cruelles blessures ; et tout en respectant les intentions de l'auteur, on ne peut s'empêcher de le considérer comme l'un des écrivains les plus funestes de notre siècle.

Sans doute, nous n'aimons pas à penser qu'un écrivain se soit absolument trompé, et nous sommes de ceux qui croient volontiers avec l'auteur que la fraternité doit avoir sa place dans l'ordre social et politique. Nous saurions donc gré à M. Louis Blanc et à son école d'avoir revendiqué ce principe, de l'avoir rappelé à des générations trop matérialistes, et en partie aux classes lettrées et aisées, auxquelles les avantages dont elles jouissent dans la société en font particulièrement un devoir. Mais l'usage que M. Louis Blanc fait de ce principe en détruit toute la vertu, car entre ses mains il devient un principe de haine au lieu d'être un principe d'union. Tout effort, quel qu'il soit, pour éviter les inconvénients bien connus de la démocratie, lui est une preuve de haine et de mépris contre le peuple; tout effort pour garantir le droit de ceux qui possèdent lui est une spoliation de ceux qui ne possèdent pas. Interpréter de cette manière la révolution française, méconnaître les efforts prodigieux qu'elle a faits pour assurer les droits et le bien-être du plus grand nombre, c'est rendre le progrès absolument impossible et illusoire, car le bonheur absolu étant un idéal inaccessible, il sera toujours possible de représenter les plus heureux comme des privilégiés cupides, et les moins heureux comme des opprimés qui ont le droit de devenir des oppresseurs à leur tour. Dans ces termes, la guerre sociale est inextinguible. On demande avec haine et outrage l'amélioration des faibles et des pauvres; mais ceux-là mêmes viennent-ils à s'élever au sort que l'on a rêvé pour eux, ils passent aussitôt dans la classe des privilégiés et deviennent à leur tour l'objet de l'outrage et de la haine. Quiconque souffre s'appellera le peuple; aussitôt qu'il ne souffre plus, il deviendra bourgeoisie égoïste et cupide, de telle sorte qu'il semble que l'on n'aime le peuple qu'à la condition qu'il soit misérable; on ne s'intéresse pour lui au bonheur que lorsqu'il en est privé, et au lieu d'inspirer aux uns le désir de s'élever par le travail, aux autres le désir de tendre une main fraternelle et

protectrice aux moins favorisés, on développe l'envie
chez les uns, la peur chez les autres, et l'on sème les
germes d'une guerre stupide, barbare, satanique, la
guerre entre ceux qui ont et ceux qui n'ont pas.

Encore une fois, c'est à nos yeux une question de
savoir si la société actuelle ne pourrait pas être plus
large dans l'application du principe de fraternité; mais
associer ce principe au despotisme et à la démagogie, le
faire représenter par Robespierre et Clooz, c'est lui
donner une médiocre recommandation. Sans soulever
l'odieuse querelle du riche et du pauvre, on peut au
moins reconnaître qu'il y a dans la société des faibles
et des forts, et un certain arbitrage paternel entre les
uns et les autres, exercé sinon par l'état, au moins par
des associations libres, n'a rien théoriquement d'impossible ou d'injuste. Il est difficile d'admettre que le genre
humain a tout trouvé, tout inventé, qu'il ne reste plus
rien à découvrir sur les relations sociales entre les
hommes. Nous prêterions donc volontiers une attention
sympathique à ceux qui travailleraient dans cette voie,
et nous ne sommes pas de ceux qui, au nom de théories
elles-mêmes discutables, ferment d'avance toute inves-
tigation de ce côté. Mais la première condition de l'union
des classes est de ne pas soulever une guerre de classes,

et le premier devoir de la fraternité sociale est de ne pas porter atteinte à l'humanité. Quant à la révolution, elle a eu son œuvre, comme nous pouvons avoir la nôtre. Cette œuvre a été d'établir le droit comme fondement de toute société. Avant tout, ne touchons pas à ce principe; mieux vaut encore cette société de concurrence, décrite par les socialistes sous des couleurs si noires, mais dont les membres au moins sont des hommes, qu'une société de moutons heureux, protégés par une autorité paternelle, cette autorité fût-elle déléguée par les moutons eux-mêmes, au lieu d'être confiée à un berger héréditaire. L'histoire socialiste de la révolution, telle que l'ont comprise MM. Buchez et Louis Blanc, est au fond une histoire rétrograde. C'est avec la société du moyen âge sous les yeux qu'ils ont essayé de se représenter l'avenir des sociétés modernes. L'égalité par l'autorité, et la fraternité par le despotisme leur ont paru l'idéal de la société. Ils n'ont pas compris et ils ont partout combattu ce puissant principe du droit individuel, qui est et doit être le premier ressort de nos sociétés, ce principe qui fait la grandeur et la stabilité des peuples libres, et qui n'a rien, quoi qu'on dise, d'incompatible avec le génie français, pourvu que les docteurs du progrès ne fassent pas flotter devant nous un

5.

faux paradis de communisme autoritaire dans lequel les
douceurs du despotisme ne seraient tempérées que par
celles de la démagogie.

La théorie radicale, jacobine et socialiste de M. Louis
Blanc paraît être le point le plus aigu et le plus
extrême qu'ait atteint la philosophie de la révolution.
La foi révolutionnaire a toujours marché jusque-là en
s'exaltant davantage. A l'opposition absolue et radicale
de l'école aristocratique et théocratique succède bientôt
la théorie constitutionnelle, qui accepte la déclaration
des droits et la séance du Jeu de Paume, puis la théorie
libérale, qui admet politiquement les principes consti-
tutionnels, mais qui en même temps accepte histori-
quement le comité de salut public comme libérateur de
la patrie. Vient enfin l'école démocratique, qui réclame
entièrement l'héritage de Robespierre et de ses théories,
et le considère comme l'incarnation de l'idée révolutionnaire. Que si quelque théoricien est allé plus loin,
nous ne nous croyons pas obligé de lui faire une place
dans ces études; l'hébertisme et le maratisme sont des
doctrines qui nous paraissent au-dessous de la philosophie et de l'histoire.

LIVRE II

La plus grande exagération des théories révolutionnaires a surtout coïncidé avec les dernières années du gouvernement de juillet. Depuis cette époque, ces doctrines ont commencé à rétrograder; la philosophie de la révolution a paru s'apaiser, et elle est entrée dans la voie de l'examen et de la critique. On trouvera sans doute étrange d'entendre dire que l'idée révolutionnaire s'est apaisée de nos jours, lorsque au contraire c'est nous qui en avons vu les plus terribles effets; mais nous parlons ici des opinions et non pas des actes, et surtout des opinions dans l'ordre de la haute théorie et de la philosophie historique. Or, s'il est vrai que les passions et les préjugés révolutionnaires sont aussi ardents que jamais dans les classes populaires et trouvent encore des organes dans la basse littérature politique, on peut affirmer cependant que depuis une vingtaine d'années ces théories ont cessé de produire des œuvres sérieuses et importantes, et que le courant des esprits élevés s'est

plutôt porté en sens inverse. C'est là un fait important
et jusqu'à un certain point rassurant; car, quoiqu'il soit
vrai que les idées, surtout les idées sages, mettent
beaucoup de temps à descendre dans les foules, il est
très-certain aussi qu'elles finissent toujours par y péné-
trer plus ou moins. Il n'est pas moins certain que les
mouvements populaires deviennent stériles quand ils ne
proviennent pas de principes nés au-dessus d'eux : le
jacobinisme et le socialisme sont des doctrines venues
au monde dans les classes lettrées. Si ces doctrines ne
trouvent plus d'aliment dans le sein des classes diri-
geantes, il y a lieu d'espérer que leurs conséquences
s'atténueront ou s'affaibliront avec le temps. Quoi qu'il
en soit de ces prévisions optimistes, reprenons la suite
de ces études et conduisons-les jusqu'au temps présent.

I

Le jacobinisme socialiste étant le terme le plus
avancé de la philosophie révolutionnaire, c'est de ce
point qu'il faut partir pour revenir à des idées plus
justes et plus modérées. Si la polémique contre les
idées fausses est toujours utile, elle l'est surtout lorsqu'elle part des camps les plus voisins de ceux qui défendent ces idées. Par exemple, un républicain qui
attaque le jacobinisme a beaucoup plus d'autorité qu'un
conservateur. Celui-ci en effet est toujours suspect
d'avoir des préjugés, et il en a; il ne fait pas les con-
cessions nécessaires, et, injuste sur certains points, on
peut supposer qu'il l'est sur tous. Il confondra volon-

tiers dans une réprobation commune le jacobinisme et
la démocratie, le socialisme et la république, et par là
il fortifiera sans le vouloir le jacobinisme et le socialisme de tous les éléments de force réelle que la démocratie et la république peuvent posséder dans l'état
social de notre temps. Le républicain au contraire, en
combattant le jacobinisme et le socialisme, réduit ces
sectes extrêmes à elles-mêmes, et leur enlève l'appoint
des principes démocratiques. On aura donc raison de
présenter les historiens républicains de la révolution
qui se sont séparés du jacobinisme comme ayant rendu
à la cause de l'ordre et de la liberté des services plus
efficaces peut-être que les historiens rétrogrades et
conservateurs. Tel sera le mérite commun de deux écrivains dont les noms sont liés par l'amitié, par l'origine
commune de leur célébrité, par la communauté de leurs
opinions et l'analogie même de leurs points de vue,
MM. Michelet et Quinet, deux noms qui paraissent
aussi inséparables que ceux de MM. Thiers et Mignet,
et qui comme ceux-ci se sont appliqués au problème
de la révolution; l'un plus poète, l'autre plus philosophe, tous deux éminents écrivains malgré les mirages
qui égarent trop souvent l'imagination de l'un et les
nuages qui obscurcissent la pensée de l'autre.

On s'étonne qu'avec l'instrument d'erreur qu'il porte en lui-même, à savoir une imagination excessive, M. Michelet ne se trompe pas plus souvent, et même qu'il saisisse quelquefois avec une merveilleuse justesse la vérité historique. Son histoire de la révolution, fatigante par la forme apocalyptique qu'il adopte systématiquement, n'en est pas moins remplie de vues justes et saisissantes. Nul n'a mieux que lui, par exemple, démêlé un des faits essentiels, peut-être le fait capital, de la révolution, à savoir le paysan propriétaire, ou du moins le paysan affranchi : c'est ce qu'il appelle « le mariage de la terre et de l'homme. » Nul n'a mis plus en relief un des sentiments les plus vifs et les plus profonds de l'ancienne société française, sentiment encore tout chaud en 89 : l'amour du roi (1). « J'entends ce mot sorti des entrailles de l'ancienne France, mot tendre, d'accent profond : mon roi ! » C'est ce sentiment même qui explique la défiance et la haine qui ont succédé ensuite. « Avoir cru, avoir aimé, avoir été trompé dans son amour, c'est à ne plus croire à rien (2) ! » Ce que M. Michelet a surtout peint avec vérité, c'est le caractère de spontanéité et d'unanimité qu'a eu la révolution à

1. *Hist. de la Révol.*, t. I, Introd., 2e partie.
2. Livre II, c. II, p. 157.

son début. Il dit avec raison que tout ce qu'il y a eu de
bon est l'œuvre de tout le monde, et que ce qu'il y a
de mauvais est l'œuvre de quelques-uns. Les grands
faits sociaux se sont produits « par des forces immenses,
invisibles, nullement violentes (1). » Il y a eu là un moment unique dans l'histoire, où le cœur de l'homme
s'est élargi. C'était l'explosion d'un sentiment nouveau dans le monde, l'humanité. La révolution aima
« jusqu'à l'Anglais, » son éternel ennemi. Qu'on en
juge par un trait bien plus étonnant, « les journa-
listes firent trêve (2). » Ce sentiment va chez M. Michelet jusqu'à une sorte d'effusion panthéistique. Il
s'écrie comme ferait un philosophe hindou : « Ah! si
j'étais un, dit le monde! Si j'étais un, dit l'homme (3)! »

Ainsi la révolution a été faite par tous; elle n'a pas
été l'œuvre d'une secte ou d'un parti. Cette vive perception de l'unité nationale qui éclate dans la révolution, est
la réfutation de la théorie jacobine qui sacrifie la France
à la gloire de quelques hiérophantes. Pour M. Michelet
au contraire, l'acteur principal de la révolution a été le
peuple; et « les ambitieuses marionnettes (4) » qui ont

1. T. II, c. v.
2. C. XII, p. 182.
3. C. XII, p. 182.
4. T. I, préface.

cru la conduire doivent être ramenées à leur juste mesure.
Comme le peuple est le vrai acteur, il est aussi le vrai
juge. Écoutez-le. — Qui a gâté la révolution ? C'est
Marat et Robespierre. Le peuple « aime Mirabeau malgré
ses vices, et condamne Robespierre malgré ses vertus. »
Quelques-uns disent : « Le bonhomme a perdu l'esprit.
Prenez garde; c'est le jugement du peuple. » Ce qu'il
a retenu de 93, « c'est que la saignée n'en vaut rien (1). »
Bien entendu que le peuple ici ne signifie pas telle ou telle
classe populaire, mais tout le monde, c'est-à-dire le pays.

A la fausse histoire qui fait commencer dès l'origine
la triste querelle de la bourgeoisie et du peuple, M. Michelet oppose avec raison l'union des classes dans les
premiers temps. Jamais, suivant lui, la bourgeoisie ne
fut moins égoïste, jamais elle ne sépara moins ses
intérêts de ceux des ouvriers et des paysans. N'opposez
pas la fraternité à la liberté. C'est la liberté qui seule peut
rendre possible la fraternité. Rien de plus libre que le
sentiment fraternel. C'est justement lorsque la révolution a proclamé les droits de l'homme « que l'âme de
la France, loin de se resserrer, embrasse le monde entier (2). » La grande époque, l'époque humaine de notre

1. T. II, Conclusion.
2. T. I, Préface.

révolution, a eu pour auteur tout le monde; l'époque des violences n'a eu pour acteur qu'un très-petit nombre d'hommes. Alors la nation entière, sans distinction de partis, presque sans distinction de classes, marcha sous le drapeau fraternel. »

Le jacobinisme a été au contraire une secte étroite se substituant à la nation. « Les jacobins avaient quelque chose du prêtre. Ils formaient en quelque sorte un clergé révolutionnaire (1). » Pour M. Louis Blanc, les girondins représentent la bourgeoisie, les montagnards le peuple. Rien de plus faux selon M. Michelet. Les jacobins n'é-taient pas moins des bourgeois que les girondins; « pas un ne sortait du peuple. » La stérilité des girondins ne tient pas à leur qualité de bourgeois, mais à leur fatuité d'avocats. Les deux sectes avaient cela de commun de se croire l'une et l'autre bien au-dessus du peuple : « les deux partis reçurent leur impulsion des lettrés. » C'est une erreur historique grave de transporter nos questions sociales d'aujourd'hui à l'époque de la révolution : elles n'occupèrent jamais que le second plan. On veut voir du socialisme dans toutes les émeutes populaires. C'est insulter au peuple et le rabaisser. « Partout où ils rencontrent du pillage, du brigandage, c'est le peuple,

1. T. II, l. II, c. VI

voilà le peuple! » Selon M. Michelet, la question ouvrière n'existait pas alors, et même « la classe ouvrière
n'était pas née. » La France nouvelle, celle du paysan
et de l'ouvrier, s'est formée en deux fois : « le paysan
est né de l'élan de la révolution et de la guerre, et de la
vente des biens nationaux. L'ouvrier est né de 1815, et
de l'élan industriel de la paix (1). » Écartez l'hyperbole,
et nul doute que ces lignes ne soient l'expression de la
vérité.

Si M. Michelet combat avec autant d'esprit que de
sens historique la doctrine du jacobinisme socialiste,
lui-même est à son tour sous l'empire de certaines passions et de certains préjugés qui altèrent singulière-
ment la justesse de son coup d'œil. Il a deux ennemis,
et, comme on dit vulgairement, deux bêtes noires : c'est
le prêtre et l'Anglais (2). De même qu'on disait autrefois
que tout était la faute de Voltaire et de Rousseau, tout
est, pour M. Michelet, la faute du clergé et de l'Angleterre. Ce sont les deux traîtres de mélodrames qui
viennent troubler dans son histoire les candides élans
de son mysticisme humanitaire. « Une main perfide,

1. Voir, pour toute cette discussion, la conclusion du tome II :
De la méthode et de l'esprit de ce livre.
2. C II, p. 213.

odieuse, la main de la mort, s'est offerte au parti de la liberté; et celui-ci, pour plaire à l'ennemi (le clergé), a renié l'ami (le xviiie siècle) (1). » Voilà pour le prêtre. L'Angleterre de son côté trompait la France « par son faux idéal, » par le prestige de ses institutions « locales, spéciales, insulaires (2). »

On s'étonne aujourd'hui, à la distance où nous sommes du temps où M. Michelet écrivait ces lignes, de cette haine pour l'Anglais qui a presque entièrement disparu de nos mœurs. Les institutions anglaises ne sont plus l'objet de notre haine, elles le seraient plutôt de notre envie. Où est le temps où nous nous croyions le droit de dédaigner ces institutions, et où nous nous persuadions que nous les avions dépassées? Lorsque M. Michelet nous dit : « L'Anglais est un outil, le Français est un homme! » nous n'avons pas à renier cette seconde proposition; mais à qui fera-t-on croire aujourd'hui la première ?

La haine la plus profonde de M. Michelet n'est pas pour l'Anglais, elle est pour le prêtre. Pour lui, la révolution est essentiellement antichrétienne (3). Il n'y a que

1. Préface, t. I.
2. T. II, l. II, c. iii.
3. T. I, Introd., 1re partie.

deux grandes époques dans l'histoire de l'Europe : le christianisme et la révolution. Sans doute ces deux grandes doctrines ont un principe commun, le principe de la fraternité; mais la révolution fonde la fraternité « sur l'amour de l'homme pour l'homme; » le christianisme la fonde sur une parenté commune, sur une filiation qui, du père aux enfants, transmet aussi bien la solidarité du crime que la communauté de sang. En un mot, le christianisme est tout entier dans deux dogmes : le péché originel et la grâce. La révolution est « la réaction tardive de la justice contre le gouvernement de la faveur et la religion de la grâce. » Par exemple, en abolissant la noblesse et l'infamie héréditaire, la révolution protestait contre la grâce et le péché originel.

Tout cela est bien théologique et fort arbitraire. Les peuples protestants, qui ne laissent pas que de faire une large part dans leur théologie au dogme de la grâce et du péché originel, sont néanmoins arrivés de leur côté, au moins quelques-uns d'entre eux, à la liberté et à l'égalité, c'est-à-dire au but précisément poursuivi par la révolution. Sans doute la révolution s'est placée à un point de vue qui n'est pas celui du christianisme, à savoir le point de vue du droit naturel, de la liberté et de l'égalité naturelle des hommes, tandis que le christianisme, dans son sens primitif, n'a jamais entendu la liberté et l'égalité qu'au point de vue religieux. C'était comme membres du royaume des cieux et non comme habitant cette terre, que les hommes devaient être libres et égaux. Le royaume de Jésus-Christ n'étant pas de ce monde, ce n'était pas ici-bas que les petits pouvaient être élevés et les grands abaissés. A ce point de vue, l'esclavage, le servage, le privilége sous toutes ses formes, trouvaient aisément leur justification, et l'on comprend que l'église elle-même, sans renier ses principes, pût prendre sa place dans ce système d'inégalités, plus ou moins adouci par la charité chrétienne, mais en même temps maintenu dans ses principes essentiels, par cette raison que la croix est la condition naturelle et légitime du chrétien, et qu'elle est nécessaire pour faire éclater la patience de l'un et le dévoûment de l'autre. A ce point de vue austère et mystique, trop facilement conciliable avec tous les abus du despotisme, la révolution opposait celui de la philosophie du XVIIIᵉ siècle, à savoir que les hommes étaient libres et égaux comme hommes, et non pas seulement comme frères en Jésus-Christ; qu'ils devaient pouvoir tous user de leurs facultés librement et au même titre, et cela sur cette terre et non dans la Jérusalem mystique où on les avait toujours ajournés jusque-là. Ce principe était donc en effet bien différent du principe chrétien, surtout de ce principe formulé et organisé dans la hiérarchie catholique et papale.

Cependant aucun principe de ce bas monde (même parmi ceux qui se donnent comme venant d'en haut) ne se développe dans la pratique avec la rigueur abstraite des théoriciens. Une fois admis dans l'esprit des hommes, les principes y sont tempérés, modifiés, assouplis par le bon sens, par les circonstances, par le cœur humain, par mille causes qui les empêchent de porter toutes leurs conséquences. Que si théoriquement, par un certain côté, le dogme chrétien pouvait favoriser et justifier l'inégalité sociale, par un autre côté, il la combattait et l'atténuait continuellement. Que ce fût au nom de la charité ou au nom du droit pur, que ce fût comme frères en Jésus-Christ ou comme frères en humanité, peu importait au bon sens populaire, peu importait aux cœurs généreux qui tiraient de ces principes tout ce qu'ils contenaient au profit des hommes. C'est ainsi que le principe de la fraternité, en même temps que le progrès nécessaire des choses humaines, amenait une égalité pratique de plus en plus grande; et, lorsqu'au xviii° siècle les philosophes sont venus professer leurs

principes d'égalité et la révolution les appliquer, les chrétiens ont pu dire avec une certaine raison que c'étaient
leurs propres principes que l'on empruntait. Sans doute
la politique catholique a pu accentuer plus tard, comme
le faisaient les philosophes de leur côté, l'opposition du
christianisme et de la révolution ; mais, outre que le
catholicisme n'est pas tout le christianisme, il se fait
toujours dans la pratique des accommodements que la
théorie ne connaît pas. Il est donc excessif de présenter
l'antagonisme des deux principes comme absolu, irré-
médiable, et M. de Tocqueville a eu raison de dire que
c'est plutôt en apparence qu'en réalité que la révolution
s'est montrée antichrétienne. Elle n'exclut pas le christianisme ; elle lui laisse la place ouverte parmi les influences morales qui se meuvent dans le sein d'une
société affranchie. Le dogme proteste, car ce qu'il lui
faut, ce n'est pas une place dans la société, c'est la
possession de la société elle-même ; mais malgré lui il
s'accommodera à une société plus chrétienne en réalité
que celle qu'il regrette.

Le livre de M. Edgar Quinet, publié quelques années
après celui de M. Michelet, se présente avec un caractère bien différent. Entre les deux livres, il y a une date

terrible : 1852. L'un et l'autre n'ont pas cessé d'être
des croyants, des apôtres; mais dans M. Michelet la foi
est encore juvénile, candide, entière; dans M. Quinet
au contraire, on sent un apôtre cruellement trompé,
interrogeant avec anxiété le dogme qu'il a jusqu'alors
prêché, et, sans cesser d'y croire, se disant à lui-même
les plus cruelles vérités. « Tout un peuple, dit-il, s'est
écrié : être libre ou mourir! Pourquoi des hommes qui
ont su si admirablement mourir n'ont-ils pas su être
libres! » Tel est le problème que M. Quinet s'est posé
dans son livre sur la révolution, remarquable écrit plein
de feu et de passion, de tristesse et d'émotion, et d'une
noble philosophie.

Ce n'est pas que l'auteur abandonne la cause de la
révolution, loin de là : il veut bien l'accuser lui-même,
il sera le premier à dire la vérité à ses héros; mais il ne
veut pas laisser aux adversaires le droit d'abuser contre
sa foi des critiques que lui-même dirige contre elle.
C'est ainsi qu'il défend la révolution du sophisme qui représente la politique révolutionnaire comme une chose
inouïe dans le monde, comme si ce fût elle qui eût inventé le principe de la raison d'état. On lui reproche sa
politique violente à l'égard des émigrés : Louis XIV n'a-
t-il pas expulsé de France 200,000 protestants? On lui

reproche les arrestations arbitraires : n'y avait-il pas les
lettres de cachet dans l'ancien régime? On lui reproche
des massacres odieux : n'y a-t-il pas eu dans le monde
un Philippe II, un duc d'Albe, une inquisition, une
guerre des albigeois, une Saint-Barthélemy? La révolution est sans doute criminelle d'avoir emprunté aux ty-
rans leur politique; mais c'est à l'école de l'histoire
qu'elle a emprunté cette politique. D'ailleurs c'est elle-
même qui a déposé contre elle. Si la révolution eût été
un prince héréditaire, servi par une cour complaisante,
entouré d'une nation muette, combien toutes les hor-
reurs qui l'ont ensanglantée et déshonorée eussent-elles
été atténuées et adoucies par la tradition! C'est la révolution au contraire qui, se faisant son procès à elle-
même, a prêté des armes à ses adversaires! Le procès
de Carrier, de Fouquier-Tinville, de Lebon, c'est la
révolution se jugeant, se punissant, se livrant à la vin-
dicte de l'avenir. A-t-on jamais vu un tyran faire le
procès de l'exécuteur des hautes-œuvres qui n'a fait
qu'obéir à ses ordres? « Louis XI a-t-il fait le procès de
Tristan l'Hermite?... Les royalistes se sont bien gardés
d'intenter un procès à Charette pour les 250 hommes
qu'il fit massacrer sur le préau pendant qu'il entendait
la messe. »

Si la révolution n'est pas coupable d'avoir inventé la tyrannie, elle est coupable de s'en être servie, et il faut avouer d'ailleurs que la condensation de tyrannie systématique qui a dominé pendant dix-huit mois sous le nom de terreur est un phénomène effroyable qui confond l'imagination, révolte le cœur, ébranle toutes les cordes de la pitié, et semble au-dessus des lois ordinaires de la politique et de l'histoire. Quelles sont les causes et quels ont été les effets de ce phénomène? C'est ce que recherche M. Edgar Quinet dans un bien remarquable chapitre de psychologie politique sous ce titre : théorie de la terreur.

La terreur a d'abord été un accident. Robespierre et Saint-Just l'ont changée en système. D'un vertige passager, les terroristes firent l'âme et le tempérament de la révolution. Une autre cause fut le mépris des individus, triste legs des âges. La révolution fut bientôt une sorte d'être abstrait, une idole qui n'a besoin de personne, qui peut sans dommage pour elle-même engloutir les individus les uns après les autres, et grandir de l'anéantissement de tous. « Autant vaudrait dire que les hommes pourraient être anéantis sans dommage pour l'humanité. » Cette théorie étrange conduisait la révolution à faire sans cesse le vide autour d'elle, sans

6.

s'apercevoir que c'était elle-même qu'elle détruisait.
Une autre cause de la terreur fut, qui le croirait? la
philanthropie. Les révolutionnaires élevés à l'école de
Jean-Jacques Rousseau croyaient que l'homme et le
peuple sont bons naturellement; cependant, comme le
mal persistait, il fallait qu'il y eût trahison, conspiration. Ils attribuaient à la volonté humaine ce qui était
le fait de la nature des choses. « Si vous eussiez pu
descendre dans l'âme des terroristes, vous eussiez vu
un bien autre spectacle, car non-seulement le passé à
demi dompté rugissait autour d'eux, mais ils en por-
taient une partie en eux-mêmes; ils étaient complices
sans le savoir de la conspiration qu'ils dénonçaient. »

Telles étaient les causes de la terreur; quelles en
étaient les conséquences? La première, c'est que le
terrorisme employé comme système ne peut pas avoir
de fin. On est condamné à l'employer toujours ou à
périr, car la barbarie crée sans cesse de nouveaux ennemis qui n'épient que l'occasion d'éclater. De plus, les
hommes une fois habitués à être conduits par la peur,
il n'y a plus moyen de rien obtenir d'eux par une autre
voie. On défend la terreur par la nécessité de sauver la
révolution, et l'on invoque le succès pour justifier les
moyens. Ce succès, où est-il? « Il fallait ces supplices

pour tout sauver, et moi, après une expérience de
quatre-vingts ans, je demande aujourd'hui avec la pos·
térité : Que pouvait-il donc nous arriver de pis ? » On a
déjà vu la terreur au moyen âge, sous le nom de l'in·
quisition. Pourquoi les hommes sont-ils plus indulgents
pour l'inquisition que pour le terrorisme ? C'est que, les
terroristes plaçant leur idéal sur terre et promettant
instantanément la félicité pour tous, le démenti donné
par la réalité à leurs promesses était trop flagrant. Tout
le monde sait en effet que la cité de Saint-Just ne s'est
point réalisée, et que ses auto-da-fé ont été stériles ;
mais la cité de Saint-Dominique et de Sixte-Quint
échappe aux yeux mortels.

Le livre de M. Edgar Quinet se termine par l'examen
anxieux de ce problème : la France sortira-t-elle de la
révolution par la liberté ou par le despotisme ? La
crainte de tous les esprits libéraux est de voir la France
retourner au bas-empire. Il semble que ce mal soit
conjuré à l'heure où nous écrivons. Cependant nul ne
peut prévoir l'avenir. L'une des raisons que donne l'auteur en faveur de ses espérances, c'est qu'en France il
n'y a pas de *plèbe* comme à Rome, et que le peuple n'y
est pas devenu « populace ». Est-ce bien vrai? Et
n'aurions-nous pas encore cette dernière épreuve à

subir? Tandis que l'on se relève d'une part, et que la liberté se reprend à espérer, ne voit-on pas, d'autre part, le mal démagogique prendre des proportions effroyables, égaler par ses forfaits sans compensations l'horreur des crimes révolutionnaires? C'est un aspect des choses que l'auteur ne considère pas assez; il ne voit dans la terreur qu'un système machiavélique, imité des cours et des aristocraties, né des traditions du despotisme, et l'engendrant à son tour. Il n'a pas assez vu dans la révolution le côté démagogique, aussi réel que le précédent, la multitude envahissant les assemblées politiques, promenant les têtes au bout des piques, clabaudant dans les sociétés populaires, et se faisant payer pour s'y rendre. Un tel peuple, il faut l'avouer, n'est pas bien loin d'être ou de devenir une populace. L'auteur ne signale point assez cette démagogie si connue des anciens et si bien décrite par leurs publicistes, cette démagogie qui est la vraie mère du césarisme, lequel n'est à son tour que la démagogie couronnée. A côté des tendresses du parti révolutionnaire pour l'autorité et la dictature, il ne faut point oublier ses faiblesses pour les mouvements désordonnés des multitudes. Tout ce qui s'insurge est toujours le peuple; tout ce qui viole la loi, c'est le peuple; tout ce qui est ignorant et brutal, c'est

le peuple; tout ce qui veut quelque ordre, quelque
règle, quelque limite, c'est toujours la trahison, le privilége, la réaction. Si quelque chose peut contribuer à
changer un jour malheureusement ce peuple en populace, c'est cette faiblesse pour ses erreurs et ses fautes,
qu'il ne faut point confondre avec une juste pitié pour
ses misères. Que la démocratie, après avoir répudié,
comme le fait M. Quinet, la tradition de la dictature
révolutionnaire, répudie également la tradition de la
démagogie révolutionnaire, elle fera plus encore pour
sa cause ; car, si la victoire devait un jour, pour notre
malheur à tous, appartenir au césarisme, ce serait la
crainte de la démagogie qui lui livrerait encore une fois
nos destinées, les hommes de tous les temps et de tous
les pays étant toujours prêts à sacrifier la liberté à la
sécurité.

II .

Les philosophes qui recherchent les causes et les effets de la révolution sont surtout sensibles à tout ce qui regarde les droits de la personne et de l'esprit. Nos historiens, qui se livrent aux mêmes études, recherchent principalement les causes politiques ; ou s'ils s'occupent des causes sociales, c'est à un point de vue très-général. Mais il est une classe d'écrivains qu'il faut particulièrement consulter quand on veut se rendre compte d'une manière plus précise des causes et des effets de la révolution française. Ce qu'il y a de plus essentiel dans une société, c'est ce qui n'apparaît pas toujours au grand jour, à savoir les détails de la vie sociale, les plaies quotidiennes, le bien-être de tous les jours. Ce

sont ces éléments qui sont ou omis, ou négligés dans la
plupart des historiens de la révolution? Quelles étaient
en réalité les souffrances des classes populaires en 1789?
Quelles ont été les vraies améliorations introduites dans
la vie des hommes? C'est là ce qu'on désire savoir avec
quelque précision. Or, pour le savoir, il faut consulter
non les philosophes ou les historiens, mais les écono-
mistes, dont les regards sont naturellement tournés vers
les faits de ce genre. Mais lesquels consulter? Il n'en est
pas un qui ne nous donnerait sur ce point des renseigne-
ments précieux : car on peut dire que l'économie politique tout entière n'est qu'une vaste comparaison entre
l'état social d'autrefois et celui d'aujourd'hui. Dans la
revue rapide que nous avons entreprise, il nous faut faire
un choix, et nous nous bornerons à deux écrivains : l'un
étranger à la France, et contemporain de la révolution
même, dont il a été un témoin des plus précieux (1);
l'autre, notre contemporain, critique sévère, et par là
même intéressant, de ses résultats. Encore nous bor-
nerons-nous aux classes agricoles, pour ne pas trop
étendre un travail déjà bien vaste (2).

Arthur Young, observateur exact et précis, nous

1. Arthur Young, *Voyage en France*, t. H, c. xxi.
2. Pour ce qui concerne les classes agricoles, on comparera les
conclusions de M. Léonce de Lavergne avec celles de M. Camille

donne avec détail et sans aucune théorie abstraite, les causes réelles de la révolution, toutes empruntées aux cahiers. Ce ne sont pas, comme on pourrait le croire, les *lettres de cachets* et les emprisonnements arbitraires qui sont pour lui les causes principales : car ce mal était beaucoup plus rare qu'on ne l'a cru, et d'ailleurs il ne frappait guère que les classes élevées. Mais voici les maux bien plus réels, signalés par Arthur Young, qui pesaient sur les habitants des campagnes : — La répartition des impôts, faite arbitrairement par les intendants de provinces, sans aucune responsabilité et sans contrôle; — les corvées qui ruinaient annuellement plusieurs centaines de cultivateurs; — l'inégalité des impôts, la noblesse et le clergé étant exempts de la taille; — le recrutement qui portait exclusivement sur les classes pauvres; — la disproportion odieuse de la peine et du délit dans le code pénal des finances (1);

Dareste, et celles de M. Douniol, qui ont écrit l'un et l'autre une *Histoire des classes agricoles* ou *rurales.* Quant à ce qui concerne les classes ouvrières, la comparaison du passé et du présent a été faite avec beaucoup de science, de sagacité et d'impartialité par M. Emile Levasseur, dans sa grande *Histoire des classes ouvrières.* (Seconde partie, t. II. — Conclusion.)

1. On était obligé, sous peines d'amendes, de prendre une quantité de sel donnée pour sa consommation, qu'on en eût besoin ou non. Le nombre des *faux-saulniers,* emprisonnés par an, était de 3,437.

— les capitaineries, droits des princes du sang sur tout
le gibier d'un district, gibier qui, étant en liberté, même
les sangliers et les cerfs, détruisait les récoltes du paysan, etc. Telles étaient les vexations qui venaient du
pouvoir royal. Voici celles qui venaient des nobles et du
clergé : les justices seigneuriales, qui n'étaient que pur
arbitraire, avec juridiction indéterminée ; appels sans
fin, ruines des parties ; — rentes fixées et onéreuses ; —
retraits féodaux ; — banalités ; — innombrables droits
féodaux, etc. — Young est plus favorable au clergé
qu'à la noblesse ; mais il est surtout sévère pour les parlements. Peut-être se laisse-t-il aller à l'exagération en
les accusant de faveur et de partialité ; mais certainement il n'a pas tort de les accuser de routine.

On est porté à croire aujourd'hui, dans un esprit de
réaction assez naturel contre la révolution, que la noblesse et le clergé étaient tout prêts à sacrifier leurs
priviléges abusifs, et que s'ils sont devenus les ennemis
de la révolution, c'est la faute de la révolution elle-
même. Mais l'examen des cahiers réfute ces apologies
complaisantes. On y voit dans nombre d'entre eux la
noblesse demander la confirmation de ses droits féodaux, la défense à d'autres qu'aux nobles de porter les
armes, la continuation des abus du recrutement, la pro-

hibition de défricher les terres vagues et d'enclore les
communaux. On demande que la noblesse parvienne
seule dans l'armée et dans l'Église, le maintien des
lettres de cachets, l'abolition de la liberté des grains.
-- Le clergé, de son côté, demande le maintien des lois
contre la presse, le maintien des lettres de cachets,
proteste contre la liberté des clôtures, contre l'expor-
tation des grains, etc. Cependant, dans le clergé, le
nombre des cahiers inspirés par des pensées rétrogrades
est beaucoup moins grand que pour la noblesse.

Après avoir expliqué les causes de la révolution,
Arthur Young cherche à en prévoir les effets à venir; et
il fait preuve ici d'une grande perspicacité. La révolution
doit, suivant lui, en fin de compte avoir des résultats
heureux pour les petits propriétaires. Cette classe, il
nous l'apprend, était déjà nombreuse de son temps,
puisque, d'après son évaluation, la moitié et peut-être
les deux tiers de la France étaient déjà occupés par la petite propriété, mais accablée par les exactions féodales;
délivrés de ces entraves, ces petits propriétaires verront
augmenter leur bien-être. Déjà ce phénomène commençait à se faire remarquer. En résumé, Arthur Young termine par ce jugement qui, je crois, reste le vrai : « Tout
ce que j'ai vu, et beaucoup de ce que j'ai entendu, en

France, m'a donné la conviction la plus profonde qu'un changement était devenu nécessaire pour le bonheur du peuple, un changement qui limitât l'autorité royale, res·treignît la tyrannie féodale, ramenât l'Église dans l'État, corrigeât les abus de finances, purifiât l'administration de la justice, donnât au peuple du bien-être, et l'impor·tance qui le lui assure. »

Il est inutile de dire que Young a vu et signalé les fautes et les erreurs de la révolution dès les premiers jours, les violences, les atteintes portées au principe de la propriété. Il maintient comme nécessaire un élément aristocratique, ou tout au moins conservateur, et vou-drait que le droit de suffrage appartînt exclusivement aux propriétaires : « Car, dit-il, il est tellement de l'intérêt de ceux qui n'ont pas, de partager avec ceux qui ont, qu'aucun gouvernement ne pourra tenir la balance égale. L'intérêt des premiers est dans la démocratie pure et dans le partage des biens, chemin sûr de l'anarchie et du despotisme. »

On peut considérer Arth. Young comme un des juges les plus sagaces de la révolution française. Il en a vu net-tement les causes, en a reconnu la nécessité et la justice ; et en même temps il a vu de loin l'immense difficulté sociale, née d'un régime qui, supprimant tous les priviléges, ne laisse subsister d'autre principe d'inégalité que la propriété. Mais il en est de la politique comme de la science : on ne résout une difficulté que pour en voir apparaître une nouvelle, plus grande que la précédente.

Si nous comparons les jugements de l'observateur contemporain de la révolution avec les jugements de l'observateur de nos jours, nous verrons que ces jugements s'accordent sur les points essentiels. Seulement, tout en reconnaissant les bienfaits de la révolution, M. L. de Lavergne (1) essaie de faire la moindre part possible à l'esprit révolutionnaire , en réduisant ces bienfaits aux premiers actes de la révolution , antérieurs à toute violence, et en montrant comment la violence, bien loin d'ajouter à ces bienfaits, les a au contraire compromis. De plus il essaie de reporter sur le règne de Louis XVI, une partie du mérite attribué à la révolution en général. Les édits de Turgot sur la liberté des grains et des vins, sur l'abolition des corvées et des jurandes, suffisaient pour changer l'économie du travail agricole et industriel (2), Necker introduit de

1. *Economie rurale de la France depuis 1789* (3ᵉ édition, Paris, 1866). — Introduction.

2. Ces édits avaient été portés, mais étaient-ils exécutés ? Comment s'expliquer que la plupart des cahiers demandassent encore l'abolition des corvées et des jurandes, si elles étaient déjà abolies ?

l'ordre dans les finances; les derniers serfs sont affranchis (1). La question est supprimée (2), l'état civil est rendu aux protestants. Aussi, déjà sous Louis XVI, la prospérité allait-elle grandissant. Néanmoins l'auteur reconnaît qu'il y avait encore à faire toute une révolution. Il reconnaît comme légitime la Déclaration des droits qui, « sous une forme trop métaphysique sans doute, mais très-énergique et ferme, exprime les principes immortels qui sont la foi commune des peuples civilisés. » Il reconnaît comme légitime la nuit du 4 août qui fut « l'abandon spontané des priviléges par les privilégiés eux-mêmes; » et les décrets qui furent la confirmation des résolutions de cette nuit mémorable. Il reproche, à la vérité, à ces réformes d'avoir été trop précipitées, relève la justesse des objections opposées par le roi à quelques-uns de ces décrets, fait lui-même quelques réserves, en particulier au sujet de la dîme; mais, en définitive, si l'on tient compte de l'infirmité des choses humaines, où rien n'est parfait, l'auteur accorde au nom de la saine économie politique, que les principes essentiels de la révolution étaient

1. L'auteur oublie les serfs du Jura qui n'ont été affranchis qu'en 89.

2. Même observation que pour les jurandes. Maint cahier demande encore l'abolition de la question.

justes, et qu'ils devaient avoir des conséquences heu-
reuses sur la situation et le bien-être des hommes.
Ajoutez aux décrets du 5 et 6 août, la loi de septembre 1791 sur les biens et usages ruraux, qui établissait
la liberté du sol, comme la déclaration des droits et le
4 août avaient établi la liberté de l'homme et du citoyen, voilà l'ensemble des conquêtes « qui ont survécu
et fécondé le sol; » voilà le résultat solide, effectif, incontestable de la révolution. Dès lors tout était dit; la
révolution légitime était accomplie; au-delà, ce n'est
plus la justice, c'est la violence qui prend en main le
gouvernement.

M. L. de Lavergne essaie surtout de démontrer que
deux des actes les plus approuvés de la révolution
comme ayant amené la division du sol, n'ont pas eu cet
effet : à savoir la vente des biens du clergé et celle des
biens d'émigrés. Il établit d'abord que la valeur des
biens ecclésiastiques était bien au-dessous de ce qu'on
est tenté de se figurer et se réduisait tout au plus à
60 millions de rente. L'extension démesurée des propriétés ecclésiastiques avait été déjà contenue sous l'ancien régime par plusieurs arrêts et ordonnances, et entre
autres par l'édit de 1749. Le clergé d'ailleurs était disposé à une transaction, et eût consenti à une liquida-

tion qui eût pu donner 400 millions comme garantie à
la dette publique. Il lui serait resté 50 millions, chiffre
bien dépassé dans notre budget actuel par les frais de
la charité publique et qui fussent restés à la charge
du clergé. Ajoutez à cela que le nombre des religieux
était bien inférieur à celui qu'on a cru ; ajoutez enfin le
principe de la liberté religieuse qui eût dû interdire la
fermeture des cloîtres. Quant aux résultats obtenus par
cette mesure, l'auteur les déclare fictifs. Il ne suffit pas
de vendre des biens ; il faut des capitaux pour les mettre
en valeur ; et c'est ce qui manquait alors. D'ailleurs ces
biens mêmes n'ont pas été tous vendus : la propriété
des pauvres s'est reconstruite sous un autre nom (les
biens des hospices), et l'on peut soutenir que la main-
morte entre les mains de l'État est au moins égale à ce
qu'elle était aux mains du clergé. Enfin, les commu-
nautés ecclésiastiques ont reformé des propriétés ecclésiastiques presque égales à celles de l'ancien régime; et
le nombre des corporations religieuses égale , s'il ne
dépasse, celui des anciens couvents. Tant il est vrai que
toute révolution violente est impuissante à changer les
mœurs et les choses, quand elles résistent à la théorie.
Il en a été de même pour la confiscation des biens d'é-
migrés : les propriétés aristocratiques se sont reconsti-

tuées; et si l'on y regardait de près, on trouverait que
la plupart des familles que la révolution a cru ruiner,
sont aujourd'hui plus riches qu'en 1789.

Nous ne sommes pas en mesure de discuter ces
assertions, si remarquables, de M. L. de Lavergne. Il
nous sera seulement permis de faire remarquer qu'elles
peuvent avoir deux significations, et servir deux thèses
opposées. Car si elles démontrent d'une part que la violence et l'injustice sont inefficaces et impuissantes, elles
démontrent en même temps que la révolution, si l'on en
croit l'auteur, n'aurait en réalité détruit ni la grande propriété, ni la propriété ecclésiastique; que par conséquent
ces deux grandes forces, ces deux grands agents (que l'on
supposera, si l'on veut, bienfaisants dans leur action) ne
sont point incompatibles avec les principes de la société
de 89. Or, ce qui importe aux générations actuelles, ce
n'est pas de justifier des actes dont, après tout, elles
ne sont pas responsables, mais de savoir si les principes sous lesquels elles vivent sont légitimes, et si
elles excluent quelques-unes des grandes forces morales
et sociales de l'humanité. Si les faits invoqués par M. de
Lavergne sont vrais, il s'ensuit qu'une société peut devenir démocratique, ouvrir à tous le champ le plus
large, enrichir, nous l'allons voir, les classes populaires,

sans porter atteinte (sauf pour un temps de crises), aux justes avantages dus aux services militaires ou religieux du passé. Rien ne serait plus honorable pour notre société si encore une fois, les choses étaient ce que l'on dit qu'elles sont. Qu'il y ait eu d'ailleurs dans la révolution des actes injustes et violents, il faut le déplorer; mais c'est là malheureusement ce qui fait que c'est une révolution.

Quant aux résultats obtenus, l'auteur distingue deux époques : la première de 1789 à 1815, la seconde de 1815 à 1848. Dans la première, les effets ont été lents à se produire, et le progrès très-inférieur à celui qui a eu lieu depuis; dans la seconde, le partage s'étant fait entre le bon et le mauvais, le vrai et le faux, le progrès a été rapide. Cette division ne sera contestée par personne; car il va de soi que ce n'est pas pendant la guerre civile et la guerre étrangère que la richesse publique trouve à s'augmenter. La paix est la vraie source de la prospérité. Je ne conclurai pas précisément avec l'auteur que c'est dans cette période de 1815 à 1848, que le partage du vrai et du faux a été fait, mais simplement que la paix et un gouvernement libre et régulier ont enfin permis aux principes de 89 de porter leurs fruits. Or, ici les résultats sont considérables. Le nombre

7.

des grands propriétaires a doublé : celui des petits a
augmenté d'un tiers. Il y aurait donc en France près de
cinq à six millions de propriétaires fonciers, grands ou
petits. Lorsqu'on sait quel esprit d'ordre et de conservation donne la propriété foncière, on a droit de se demander s'il est vrai que l'esprit de la révolution soit
d'engendrer et de favoriser le communisme, et si, en
enfantant le mal, elle ne porte pas aussi en elle-même
le remède.

III

LA CRITIQUE FRANÇAISE. — LA CRITIQUE ALLEMANDE.
M. DE TOCQUEVILLE. — M. DE SYBEL.

L'année 1852 a déterminé une véritable crise dans la
philosophie de la révolution française. Une profonde
déception, une déviation inouïe des principes chers jusque-là au pays, on le croyait du moins, une tendance
malheureuse à sacrifier les résultats moraux de la révolution aux résultats matériels, une nouvelle forme d'absolutisme se produisant sous le prestige même des idées
qui avaient dû effacer à jamais le despotisme du monde,
— en même temps une science un peu plus étendue,
une comparaison de notre état avec celui des peuples
voisins, la triste conviction — trop justifiée par l'expé-

rience — que plusieurs de ces peuples, sans tant de crises
ni de désastres, avaient atteint peu à peu par le cours
des choses cette liberté politique que nous avions rêvée
et que nous avions manquée, et même, au point de vue
de quelques grandes libertés sociales, nous avaient de-
vancés et surpassés, tandis qu'un grand peuple au delà
de l'Atlantique réalisait à la fois dans toute son étendue
ce grand programme de liberté et d'égalité dont nous
commencions déjà à sacrifier la moitié, sauf plus tard à
abandonner l'autre : toutes ces vues, toutes ces réflexions, expériences et comparaisons ont contribué à
jeter des doutes sur cette croyance à la révolution que
tous partageaient à quelque degré, les sages avec réserve, les exaltés avec fanatisme, mais qui semblait
faire partie de la croyance de la France en elle-même,
croyance que tant de grandeur dans le passé et dans un
passé si récent paraissait justifier.

De là une direction toute nouvelle donnée aux théories récentes sur la révolution française. On commence
à être frappé du peu de respect que la révolution avait
eu pour la liberté de l'individu, de son culte pour la
force, de son idolâtrie pour la toute-puissance du pouvoir central; on se demande si, en établissant dans le
monde moderne l'égalité des conditions, la révolution,

comme autrefois l'empire romain, n'avait pas préparé
les voies à une nouvelle forme de despotisme.

Aucun publiciste n'a été plus frappé de cette pensée
que le célèbre et pénétrant Alexis de Tocqueville, et il
l'avait eue bien avant tout le monde. Le premier, dans
son livre si original *de la Démocratie en Amérique*, il
avait, en des temps pacifiques, modérés, constitution-
nels, menacé les peuples modernes « de la tyrannie
des Césars, » prédiction étrange que nulle circonstance,
nul événement, nul symptôme apparent ne paraissait
autoriser. Plus tard, justifié en quelque sorte par les
événements, il reprenait cette pensée et la développait
avec la plus rare sagacité dans son beau livre sur *l'Ancien régime et la révolution* (1).

Il y réfute ceux qui ont cru que la révolution était
essentiellement anarchique. C'était, selon lui, prendre
l'apparence pour la réalité, la forme pour le fond. Sans
doute, la révolution a beaucoup détruit; comme elle
était appelée à mettre fin au régime féodal, elle a dû
s'attaquer à la fois à tous les pouvoirs établis, ruiner
toutes les influences reconnues, effacer les traditions et
« vider en quelque sorte l'esprit humain de toutes les
idées sur lesquelles s'étaient fondés jusque-là le respect

1. Nous avons sous les yeux la 4ᵉ édition ; Paris, 1860.

et l'obéissance. » Ce ne sont là que des débris; du sein
de ces ruines amoncelées s'élève un pouvoir central immense, absorbant et engloutissant dans son unité toutes
les parcelles d'autorité et d'influence dispersées aupa-
ravant dans les pouvoirs secondaires et éparpillées dans
le corps social, — pouvoir auquel on n'avait jamais rien
vu de comparable depuis la chute de l'empire romain.
Les gouvernements fondés par la révolution sont fragiles
sans doute; tout fragiles qu'ils sont, cependant ils sont
cent fois plus puissants que les gouvernements antérieurs, « fragiles et puissants par les mêmes causes. »
A l'envi de la révolution, les princes nouveaux à leur
tour détruisent partout les pouvoirs moyens pour établir
leur despotisme; la révolution, qui avait été « leur
fléau, » est devenue « leur institutrice » (1).

Mais, si la révolution a pu servir d'exemple aux mo-
narques absolus, il faut reconnaître qu'elle-même n'a
fait que suivre l'exemple déjà donné antérieurement par
la monarchie absolue : aussi est-il vrai de dire, selon
Tocqueville, qu'elle a beaucoup moins innové qu'on ne
le croit généralement. Elle a étonné par son explosion
subite et extraordinaire; toutefois cette explosion n'était
elle-même que. la suite d'un long travail antérieur et

1. Liv. I, c. II.

d'une œuvre à laquelle de nombreuses générations avaient travaillé. A ce point de vue, Tocqueville n'a pas de peine à montrer combien sont superficielles les opinions de ceux qui, comme Burke, eussent voulu que la révolution se mît à rassembler les débris du passé et à reconstruire ce qu'il appelle « l'ancienne loi de l'Europe ». C'était justement cette ancienne loi qui tombait en ruines de toutes parts, et que la révolution est venue définitivement abolir ; « c'était de cela même qu'il s'agissait et non d'autre chose » (1).

Quand la révolution a commencé, on l'a prise d'abord pour un accident, puis quand elle a duré et épouvanté le monde, on l'a prise pour un prodige, pour un monstre, pour un « miracle », c'est le mot de De Maistre. Tocqueville établit qu'elle n'a été ni un accident ni un miracle, qu'elle préexistait déjà tout entière en puissance dans l'ancien régime. Au lieu de nous la montrer détruisant tout, comme disent ses adversaires, reconstruisant tout, comme disent ses admirateurs, Tocqueville la rattache à l'ancien régime par des liens secrets et profonds. C'est ainsi qu'il montre par une suite de recherches aussi neuves qu'ingénieuses : — que la centralisation administrative est une institution de l'ancien

1. Liv. I, c. v.

régime et non une création de la république et de l'empire, comme on le dit ordinairement, — que ce que
l'on appelle la tutelle administrative est une institution
de l'ancien régime, — que la justice administrative et
la garantie des fonctionnaires sont des institutions de
l'ancien régime, — que déjà sous l'ancien régime la
France était de tous les pays de l'Europe celui où la
capitale avait le plus de prépondérance sur les provinces, et absorbait le plus tout l'empire, — que la
France était aussi le pays où les hommes étaient devenus le plus semblables entre eux, — que c'est l'ancien
régime qui acheva l'éducation révolutionnaire du peuple,
— que les réquisitions, la vente obligatoire des denrées,
le maximum, sont des mesures qui ont eu des précédents dans l'ancien régime, aussi bien que l'arbitraire
des procédés judiciaires. « L'ancien régime a fourni à
la révolution plusieurs de ses formes ; celle-ci n'y a
joint que l'atrocité de son génie. »

De ces considérations il semblerait résulter que la
révolution n'a rien apporté de nouveau dans le monde,
qu'on ne la justifierait d'avoir innové qu'en lui enlevant
toute originalité propre. Tocqueville ne va pas jusque-
là ; il reconnaît au contraire que c'est une révolution
« immense », et il en signale avec profondeur la grande

nouveauté : c'est qu'elle est la première des révolutions politiques qui ait agi à la manière des révolutions religieuses (1). Les caractères communs aux unes et aux autres sont le cosmopolitisme et le prosélytisme. « Toutes les révolutions civiles et politiques ont eu une patrie ; la révolution française n'a pas eu de territoire propre. On l'a vue rapprocher ou diviser les hommes en dépit des lois, des traditions, des caractères, de la langue, rendant parfois ennemis des compatriotes et frères des étrangers. » Du cosmopolitisme naît le prosélytisme. La révolution pénètre partout comme les religions, « par la prédication et la propagande ». La cause de ces ressemblances, c'est que la révolution, comme la religion, a considéré « l'homme en général » au lieu de tel homme, de telle nationalité particulière. C'est ce qui avait frappé De Maistre, sans qu'il comprît bien la portée de ce fait. Par là, la révolution a pris le caractère d'une religion, « religion sans Dieu, sans culte et sans autre vie, mais qui néanmoins, comme l'islamisme, a inondé toute la terre de ses soldats et de ses apôtres ».

On s'explique difficilement une telle passion appliquée à une œuvre qui, s'il fallait en croire les principes antérieurement exposés, eût été déjà presque entièrement

1. Liv. I, . III.

réalisée; mais ce serait mal comprendre la pensée de
M. de Tocqueville que d'en tirer une telle conclusion.
La société nouvelle que la Révolution devait faire apparaître préexistait déjà sans aucun doute, sans quoi elle
n'eût pas réussi à s'établir; l'œuvre eût échoué, comme
elle avait échoué au moyen-âge, au xvie siècle, toutes
les fois que les agitateurs avaient tenté une semblable
entreprise. Cette société future était enveloppée et ca-
chée à tous les regards et à elle-même par une autre
société qui paraissait subsister seule et avoir toutes les
apparences de la vie, quoiqu'elle fût minée de toutes
parts et dans toutes ses bases, à savoir la société féodale. Détruire les derniers vestiges des institutions féodales pour y substituer un ordre nouveau plus uniforme
et plus simple, qui devait avoir pour base l'égalité des
conditions, telle fut l'œuvre propre de la Révolution française. N'est-ce pas assez pour en faire une révolution
immense, et n'est-ce pas là une œuvre assez originale?
Cette œuvre devait amener « une affreuse convulsion pour
détruire et extraire du corps social une partie qui tenait
à tous ses organes et qui faisait corps avec le tout » (1).

Ainsi, Tocqueville justifie en un sens la révolution, et
en un autre sens il la critique, mais autrement que ne le

1. Liv. II, c. v.

font d'ordinaire ses censeurs ou ses amis. Il la justifie
en montrant qu'elle n'a pas été aussi novatrice, ni par
conséquent aussi absurde que le disent les partisans du
passé. Elle a bien cherché à fonder un ordre social sur
la raison pure, sur l'idée abstraite du droit et de l'humanité; mais en cela même elle n'a fait que réaliser ce
que tous les temps antérieurs avaient préparé. Elle est
donc à la fois dans le vrai historique, et dans le vrai
philosophique. En revanche, Tocqueville cherche à éveil-
ler nos inquiétudes sur l'une des conséquences possibles
de la révolution, à savoir l'établissement d'un nouvel
absolutisme, l'absolutisme démocratique ou césarique,
l'effacement de l'individu, l'indifférence du droit, l'ab-
sorption de toute vie locale par le centre, et par suite
l'extinction de toute vitalité dans les parties : mal dont
Tocqueville a peut-être (espérons-le) exagéré la portée,
mais qui, ayant son germe déjà dans toute notre histoire, a été propagé et aggravé sans nul doute à un degré extrême par la Révolution. Telle est la moralité que
nous suggère le livre de M. de Tocqueville. Son livre est
d'un historien plus que d'un moraliste; il explique plus
qu'il ne juge. Il recherche les causes et les effets plutôt
qu'il ne fait la part du bien et du mal. Ce n'est pas un
ami, ce n'est pas un ennemi, c'est un observateur. On sent

au fond la passion qui l'anime, et son impartialité n'est pas de l'indifférence ; il fait taire son cœur, et il cherche à nous communiquer des vérités plus que des préceptes.

Tandis que la France, revenant sur les causes de ses défaillances, appliquait à la Révolution une critique sincère et indépendante, l'Allemagne de son côté procédait à la même critique avec cette haine froide et systématique dont nous avons ressenti depuis les terribles effets. Tel est le caractère de l'*Histoire de la Révolution Française* de M. de Sybel (1), ouvrage rempli de documents neufs et curieux, mais où il ne faut pas chercher l'ombre de l'impartialité. L'auteur combat la révolution française, et parce qu'elle est la révolution, et parce qu'elle est française. Il lui refuse toute invention pour le bien, et ne lui laisse que l'originalité du mal. Cependant, malgré ces efforts dénigrants, plus d'un aveu lui échappe en faveur de l'utilité, de la justice, et des bienfaits de cette révolution qu'il déteste. C'est ainsi que pour aller tout droit aux résultats matériels, qui sont les moins contestables parce que l'imagination n'a rien à y voir, il nous apprend que la France de l'an-

1. Le livre de M. de Sybel est de 1853; la traduction française, de M\ufe0fle Marie Bosquet, est de 1869.

cien régime était, sous le rapport de l'industrie et des
métiers, quatre fois moins riche, et, sous le rapport de
l'agriculture et du commerce, trois fois moins riche
qu'elle ne l'est à l'époque actuelle (1). Pour ce qui est de
l'inégalité des impôts, il estime que les classes privilé-
giées eussent dû payer 35 millions de plus qu'elles ne
faisaient, que les frais de corvée qui pesaient exclusivement sur le bas peuple s'élevaient à 20 millions, les
frais de milice à 6 millions, que les droits perçus directement sur les paysans par les propriétaires s'élevaient à
40 millions, ce qui, en additionnant toutes ces sommes,
donne un total approximatif de 100 millions pris sur les
uns pour enrichir les autres. Ajoutez que, selon M. de
Sybel, le budget de l'ancien régime était supérieur à celui de tous les gouvernements qui ont suivi, sauf le
Comité de Salut Public, qu'il équivalait à ce que serait
aujourd'hui en France un budget de 2 milliards 400
millions, c'est-à-dire celui où les derniers événements
nous ont amenés. Ajoutez enfin les abus intolérables de
la perception, et vous comprendrez ce que les classes
pauvres et laborieuses devaient souffrir d'un pareil état
social. Enfin, ajoute l'auteur en résumant tout ce tableau, « ce régime enrichissait la classe privilégiée aux

1. Tr. fr., t. I, p. 31.

dépens de la masse opprimée (1). » Ces faits suffisent à prouver qu'un changement était devenu absolument nécessaire. Malgré son humeur hostile, toujours prêt à chercher le mal, l'auteur allemand ne peut lui-même échapper à l'enthousiasme qu'a inspiré à toutes les âmes nobles la célèbre nuit du 4 août. Tout en citant le mot de Mirabeau, qui l'appelait « une orgie », il s'écrie : « Il ne faut pas reprocher à cette assemblée, comme on le fait souvent, la ruine d'un système impossible à soutenir; c'est pour toujours qu'elle a conquis dans la nuit du 4 août la liberté du travail, l'égalité des droits, l'unité de l'état (2). »

On s'étonne qu'après avoir admiré la nuit du 4 août, l'auteur se montre si sévère pour la déclaration des droits, qui n'a été après tout que la formule abstraite des principes du 4 août (3). Une fois le régime féodal détruit, que restait-il, sinon la liberté et l'égalité comme principes de l'ordre nouveau? On peut accorder que cette déclaration était trop abstraite, et Mirabeau pouvait avoir raison de dire qu'elle eût dû suivre, et non précéder l'établissement de la constitution; après tout, quand nous relisons aujourd'hui cette déclaration célèbre, nous sommes embarrassés de dire quel est l'ar-

1. *Histoire de la Révolution française*, p. 41.
2. *Ibid.*, p. 73.
3. *Ibid.*, c. II.

ticle que l'on devrait supprimer, et que les hommes
éclairés cesseraient volontiers de considérer comme une
des bases de l'état social. Sans doute il est toujours dangereux de parler de droits aux hommes, et si l'on pouvait les établir sans les proclamer, en quelque sorte sans
qu'on s'en aperçût, cela serait bien désirable. Malheureusement l'homme est un animal qui raisonne, *animal
rationale*, il est doué de la faculté de penser. Il pense
donc nécessairement à ses droits, et il les conçoit sous
une forme abstraite, aussitôt qu'il en éprouve le besoin.
L'abstraction et la généralisation sont la grandeur de
l'homme en même temps que sa faiblesse.

Si l'auteur allemand fait une part à la légitimité, à la
nécessité même de la révolution, c'est à la condition
d'en nier toute l'originalité. C'est au XVIᵉ siècle, à la
réforme allemande, qu'il faut remonter, d'après lui,
pour avoir la véritable origine de l'affranchissement de
l'Europe, et la révolution française n'a été que la dernière expression de ce grand mouvement (1). C'est une
grave erreur, selon l'auteur allemand, de voir dans
cette révolution « le point de départ d'une époque nouvelle. » Que voulait-elle? Le respect de la dignité humaine, la liberté du commerce et du travail, l'établisse-

1. *Histoire de la Révolution française*, t. II, liv. V, c. I, p. 5.

ment de rapports constants et faciles entre les citoyens
d'une même patrie, la liberté de conscience et de pensée. Or ce sont ces mêmes principes qui avaient soulevé
l'Allemagne contre l'église catholique, la Hollande
contre l'Espagne, l'Angleterre contre les Stuarts, et
l'Amérique contre l'Angleterre. Ainsi tout ce qu'il y a
de bon dans la révolution française vient de la réforme;
tout ce qu'il y a de mauvais lui appartient en propre.
Confondant les moyens révolutionnaires avec les théories de la révolution, il fait le procès de celle-ci, sans
s'apercevoir que toutes ses attaques retombent aussi
bien sur la réforme elle-même, et en général sur toutes
les époques de l'histoire. C'est ainsi que la révolution,
suivant l'historien allemand, mit « le vol des propriétés
à la place de la liberté économique », comme si la
sécularisation des biens ecclésiastiques par les princes
protestants eût été un hommage rendu au droit de propriété. Il nous dit qu'à la justice elle avait substitué la
persécution des hautes classes, comme si la persécution
des catholiques n'eût pas été partout, au xvie siècle, la
conséquence du triomphe de la réforme. « Elle a anni-
hilé le pouvoir gouvernemental », comme si l'anarchie
n'eût pas été partout le caractère du xvie siècle et d'une
partie du xviie. « Il n'y eut d'autre autorité pendant

deux années en France que celle de la force brutale » (1),
comme si la raison et l'humanité eussent régné en Allemagne pendant l'affreuse guerre de Trente Ans!

A ces accusations, qui peuvent si facilement être
rétorquées contre le mouvement protestant du XVIᵉ siècle, s'en ajoutent d'autres, qui confondent l'esprit, tant
elles se retournent d'elles-mêmes contre la politique
prussienne, dont l'auteur est naturellement l'intrépide
défenseur. Selon lui, la révolution a détruit la moralité
politique des peuples, et introduit en Europe l'esprit de
conquête. Ainsi le partage de la Pologne et la spoliation de la Silésie sont des modèles de moralité politique,
et sont exempts de tout esprit de conquête! Pour ce
qui est du premier événement, que l'auteur a étudié
avec le plus grand soin, et qui est l'épisode le plus
curieux de son livre, il reconnaît expressément « qu'aucun des partis polonais n'avait été coupable envers la
Prusse de la moindre offense » (2). Il reconnaît que la
Prusse a été « agressive » envers la Pologne « dans le sens
le plus complet du mot et *sans l'ombre d'un droit.* »
Et cependant l'auteur ajoute avec une sérénité, qui encore
une fois confond l'esprit, que la résolution de s'appro-

1. *Histoire de la Révolution française, ibid.*
2. *Ibid.,* t. II, p. 202.

8

prier une province polonaise était la seule qui fût
« compatible avec le devoir du gouvernement prussien » (1). Il peut donc être du devoir du gouvernement
prussien de s'approprier ce qui lui convient sans avoir
reçu aucune offense et sans l'ombre d'un droit! En pro-
fessant de telles maximes, on accuse la révolution d'a-
voir détruit la moralité politique! Pour ce qui est de
l'occupation de la Silésie, l'auteur fait remarquer avec
satisfaction « que cet événement ne portait atteinte un
moment à l'ordre légal de l'Europe que pour proclamer
ensuite avec un redoublement d'énergie le principe du
maintien de la loi et des traités » (2). Ainsi violer le droit
public pour s'emparer d'une proie, et le rétablir bien
vite avec énergie pour garantir la sécurité de la spoliation, voilà, il faut l'avouer, un merveilleux exemple de
moralité. Sans doute ces sortes de faits ne sont que le
tissu de l'histoire elle-même; la politique n'a été que
trop souvent le triomphe de la force et de la ruse, et la
révolution n'a pas échappé à cette triste loi; mais quel
grossier sophisme de lui imputer comme une invention
propre l'esprit de conquête, comme si les Charles-Quint,
les Frédéric II, les Charles XII, les Pierre le Grand, les

1. *Histoire de la Révolution française*, p. 204.
2. *Ibid.*, t. II, p. 9.

Catherine, comme si tous ceux qu'on appelle les grands
politiques, eussent obéi jamais à d'autres mobiles qu'à
celui de l'avidité, de l'esprit de pillage et de la folle
ambition! Si un peuple devenu conquérant mérite quelque excuse, ne serait-ce pas plutôt celui qui, provoqué
dans ses foyers, refoule l'invasion (1), et qui, entraîné
d'ailleurs par une fougue naturelle, enivré par des succès éblouissants, se précipite sur ceux qui ont voulu
porter atteinte à son indépendance, étouffer sa liberté?

Quant à l'originalité propre de la révolution, nous
avouons, pour notre part, être assez peu sensible à la
question de savoir si elle est un point de départ ou une
conséquence, un commencement ou un couronnement.
Qu'elle soit juste et qu'elle ait raison, c'est la seule
chose importante. Plus on démontrera qu'elle se rattache à la révolution américaine, à la révolution d'An-

---

1. Il est vrai que l'auteur allemand essaie d'établir 1° que la France
n'a pas été provoquée, mais que c'est elle qui a provoqué; 2° qu'elle
n'a pas refoulé l'invasion, mais que cette invasion s'est arrêtée elle-
même par timidité, désunion et incapacité. Ces assertions ne peuvent être admises que sous bénéfice d'inventaire, vu l'esprit de
hair de sophistique qui anime l'ouvrage et dont nous avons donné
les preuves. D'ailleurs un peuple qui se croit attaqué est aussi excu-
sable que celui qui l'est réellement, et, si ses ennemis sont ineptes,
ce n'est pas une raison pour qu'il leur pardonne plus volontiers, leur
sachant gré de leur ineptie. Ainsi, même dans l'hypothèse fort con-
troversable de M. de Sybel, l'esprit de conquête de la révolution
s'explique naturellement par les passions les plus ordinaires du cœur
humain.

gleterre, à celle des Pays-Bas, à la réforme de Luther, plus on prouvera par là que ce n'est pas une révolution arbitraire et *a priori*, née de fausses conceptions et d'utopies abstraites, qu'elle est au contraire, comme tous les grands mouvements de l'histoire, une résultante de tout ce qui a précédé, plus on réfutera le paradoxe de l'école historique, selon laquelle il semble que les préjugés et les priviléges auraient seuls une histoire, tandis que le droit n'en aurait pas!

Tout en rattachant cependant la révolution au mouvement protestant du XVI⁰ siècle, il faut aussi savoir l'en distinguer. La révolution est issue de la philosophie française du XVIII⁰ siècle, laquelle est toute autre chose que la réforme protestante. Celle-ci a pu arriver à l'idée de la liberté et de l'égalité, mais elle n'en est pas partie. La rédemption par le Christ, tel est son principe fondamental : les droits de l'homme, tel est le principe de la philosophie du XVIII⁰ siècle et de la révolution. C'est bien à la vérité par le développement du principe protestant que l'on est arrivé à cette conséquence; mais la conséquence est bien éloignée du principe, et elle a un tout autre caractère. Or ce principe des droits de l'homme, c'est le XVIII⁰ siècle qui l'a formulé et c'est la révolution qui s'est fait fort de l'appliquer dans l'intérêt du genre humain. De là un caractère de généralité qui a frappé tous les observateurs, et a fait de cette grande période une crise pour l'humanité en général, toutes les autres révolutions protestantes étant plutôt des révolutions locales. Celle d'Amérique seule a déjà un caractère plus général et plus abstrait : cela tient aux mêmes causes que pour la révolution française; elle a également, aussi bien que celle-ci, reçu l'empreinte de l'esprit du XVIII° siècle; il ne faut pas d'ailleurs les séparer l'une de l'autre, la France étant pour moitié dans le succès de la révolution américaine.

M. de Sybel ne serait pas de son temps, s'il ne considérait comme une conséquence fatale et logique de la révolution l'établissement du « césarisme », c'est-à-dire du système qui reconnaît, dit-il, l'égalité des droits pour tous, et ouvre à tous la carrière du service de l'état, mais qui entraîne à sa suite « les prohibitions commerciales, la servitude de la presse et de l'enseignement, et l'oppression de l'église ». Ce sont là des assertions vagues, et même, sur certains points, contraires aux faits, car il se trouve précisément que c'est le césarisme qui a essayé d'introduire en France la liberté commerciale. Quant à l'oppression de l'église, on ne sait trop à quels actes l'auteur veut faire allusion. Le point le plus

8.

faible de ce réquisitoire, c'est de prendre un accident
pour une loi. Ce qui paraît bien le propre de la révolution, c'est d'avoir été jusqu'ici impropre à fonder un
gouvernement, et on ne peut la justifier sur ce fait;
cependant le césarisme n'en est pas plus la conséquence
nécessaire que la monarchie constitutionnelle ou la
république. L'avenir résoudra cette question, et partir
d'un fait accidentel pour le transformer en loi absolue
est un procédé peu scientifique. Enfin M. de Sybel,
ainsi que tous les écrivains du même temps, reproche
à la France d'avoir ignoré le principe du *self-government*, d'avoir exagéré la centralisation, comme si la
Prusse était un modèle de self-government, et comme
si elle avait peu de goût pour la centralisation!

En résumé, la critique française et la critique allemande, par des motifs différents, aboutissent à la même
conséquence, à savoir que la révolution a péché par
deux grands vices, le culte de la force, l'exagération de
l'idée de l'état. Tandis que l'une impute ces deux maux
à la révolution, comme si elle les eût créés, l'autre plus
profonde en trouve l'origine dans l'histoire. Cette phase
de la critique française, représentée par Tocqueville,
va être bientôt dépassée en France même par d'autres
critiques plus sévères et plus hardis.

IV

De tous les écrivains remarquables qui dans notre siècle ont remué les esprits, il n'en est pas un qui n'ait tenu à honneur de s'expliquer sur la révolution. M. Cousin, dans son introduction aux *Fragments politiques*, M. Guizot, dans ses *Mélanges politiques*, M. de Rémusat, dans sa *Politique libérale*, d'un souffle si noble et si généreux, Mme G. Sand, dans ses romans et dans mille pages éparses, tous ont émis des jugements intéressants, dignes d'être recueillis, sur les principes, les causes, les effets, les lacunes de la révolution ; mais ces vues rentreraient toutes plus ou moins dans les cadres déjà signalés ; nous devons nous borner dans ce travail rapide à ce qui paraît être une phase précise et nouvelle de la philosophie de la révolution. Or, ce caractère, nous croyons le trouver dans les quelques pages éparses que M. Ernest Renan a consacrées, selon l'occasion, à ce grand sujet. On voudrait qu'il les eût condensées et développées dans un ouvrage; mais telles qu'elles sont, et même dans leur état de dispersion, elles constituent une manière de penser particulière et très-arrêtée, qui est véritablement, selon l'expression hégélienne, un moment de l'idée de la révolution. Avons-nous besoin de dire que tout ce qui sort de cette plume a une souplesse, une grâce de formes qui rendent tout spécieux, et qui, malgré la rébellion d'un froid jugement, captivent et subjuguent le lecteur?

Jusqu'ici nous avions rencontré bien des amis, bien des ennemis de la révolution, amis de toutes nuances, ennemis de tous degrés; mais en général tous les ennemis venaient d'un certain camp, tous les amis de l'autre. En général, du côté de la foi orthodoxe, étaient les adversaires, du côté de la libre pensée les adhérents. Si l'on avait vu des croyants passer à la cause de la révolution, on n'avait guère vu d'incrédules qui lui fussent contraires. Ici, c'est un libre penseur qui se range parmi les ennemis déclarés, ou tout au moins parmi les cen-

seurs très-sévères de la révolution : c'est l'un des
maîtres de la critique qui défend la foi monarchique et
aristocratique contre les préventions des démocrates,
c'est l'auteur de la *Vie de Jésus* qui donne la main à
l'auteur du *Pape*. De là l'originalité piquante et en
même temps la faiblesse des vues politiques de M. Renan.

Il paraît du reste avoir passé par plusieurs phases
d'opinion à l'égard de la révolution française. Lui-même
nous apprend qu'il en a subi d'abord comme tout le
monde le prestige, et qu'elle l'avait subjugué par son
air de fierté et de grandeur ; toutefois une étude plus
attentive le conduisit à une plus grande sévérité. Cette
seconde phase d'opinion place M. Renan à peu près
dans la même nuance d'opinion que M. de Tocqueville,
et que tout le parti libéral du second empire; il s'y
mêlait seulement quelque chose de l'école historique,
et comme c'était la mode alors, d'un peu de germa-
nisme. Il reprochait à la France d'avoir sacrifié « l'élément germanique à l'élément gaulois », c'est-à-dire la
liberté à l'égalité, ou le principe individualiste au principe de l'état. Telle paraît être l'opinion de M. Renan
dans ses premiers travaux (1). Il n'y avait rien dans ces

1. Voyez *Mélanges littéraires*, ses chapitres sur M. Guizot et
M. de Sacy.

critiques qu'un ami sincère de la révolution ne pût
accepter. De tous côtés, par des chemins différents,
les esprits libéraux tendaient à se réunir dans cette opinion moyenne, à la fois contraire au socialisme et au
césarisme, ces deux écueils de l'esprit révolutionnaire.

Bientôt nous voyons apparaître dans les écrits de
M. Renan un point de vue nouveau tout différent du
précédent (1). Ce n'est plus seulement le sacrifice de l'individu à l'état, de la liberté à l'égalité, qui est l'objet de
ses critiques, c'est le principe d'égalité lui-même. La
démocratie n'est plus, comme le pensait Tocqueville,
un état sage et juste, d'ailleurs nécessaire, qu'il faut
corriger, surveiller, perfectionner. La passion de l'égalité est une passion grossière qui vient de la pauvreté
des vues; l'aristocratie devient un idéal devant lequel
notre pauvre société d'aujourd'hui paraît plate et vulgaire, en même temps que dévorée des plus basses passions. L'erreur de la démocratie est de ne pas comprendre que la société est « une hiérarchie »; c'est un
vaste organisme où des classes entières doivent vivre
« de la gloire et des jouissances des autres. » Le paysan
de l'ancien régime « travaille pour les nobles », et les
aime pour cela; il jouit « de la haute existence que d'au-

1. *Revue des Deux-Mondes*, nov. 1869.

tres mènent avec ses sueurs ». Tandis que la jalousie démocratique ne comprend pas les beautés du régime féodal et aristocratique, la philosophie « revêche et superficielle » de cette école n'a jamais rien compris au rôle de la royauté. Cette royauté française fut plus qu'une royauté, elle fut « un sacerdoce ». Pour elle, la France avait créé « un nouveau sacrement ». Ce roi sacré « faisait des miracles ». Cette religion de Reims fut la religion de Jeanne d'Arc : elle en vécut, elle en mourut. « Légende incomparable, fable sainte ! » dit M. Renan, dans le style de M. Michelet. En face de ce tableau enchanteur du passé, la société nouvelle fait triste figure : c'est « un régiment matérialiste où la discipline tient lieu de vertu ». Le peuple sorti de la révolution est « un peuple rogue et mal élevé. » Le principe de toutes nos lois est « la jalousie ». Dans la fausse philosophie démocratique, la vertu n'est que « l'âpre revendication du droit », et la race la plus vertueuse est « celle qui fait le plus de révolutions ». Il y a encore des races vertueuses dans le monde, mais ce ne sont point les races démocratiques, ce sont des races féodales, les Lithuaniens, les Poméraniens, comprenant encore le devoir « comme Kant », ce dont il est permis de douter (1).

1. Kant est précisément un des philosophes qui a le plus contri-

On ne peut nier ce qu'il y a d'ingénieux et de profond dans ces observations critiques. Si, comme le dit Aristote, lorsqu'on veut redresser un bâton courbé, il faut le courber en sens contraire, on peut croire que ces avertissements amers à l'endroit de la démocratie et de ses vices sont d'une grande opportunité; cependant c'est à la condition que ces critiques ne soient prises que comme des avertissements, et non comme des vérités absolues, car alors elles ne serviraient plus à rien. Dire que la société féodale est supérieure à la société de la révolution n'est qu'une opinion théorique, qui, vraie ou fausse, n'est intéressante que pour le philosophe et pour l'historien; ce n'est pas une vérité politique, car la politique n'a rapport qu'à l'action et à la possibilité. Il peut être légitime de rendre à la royauté et à l'aristocratie un juste hommage; mais cette peinture rétrospective d'un passé à jamais détruit ne peut en rien nous servir à corriger les maux du mal présent. Le huitième sacrement a perdu sa vertu; le roi ne fait plus de miracles. Disons plus, depuis longtemps la royauté n'en faisait plus lorsqu'elle a succombé. Hélas!

---

bué à représenter la vertu « comme une âpre revendication du droit», et qui a le plus combattu la soumission de l'homme à l'homme. Rien de plus démocratique que la morale de Kant, et l'influence de Jean-Jacques Rousseau sur cette morale est manifeste.

à la légende de Reims avait succédé la légende du Parc-aux-Cerfs. La nation est-elle si coupable d'avoir cessé de croire?

Le tableau que fait M. Renan de l'ancien régime peut être vrai idéalement et poétiquement; mais, si l'on veut être conséquent avec soi-même, on ne peut sérieusement nous proposer ce régime, sans admettre en même temps le principe sur lequel il reposait : le principe religieux. De là un argument *ad hominem* auquel le spirituel critique ne saurait échapper. Admettons, si l'on veut, qu'en théorie, une société fondée sur la hiérarchie et sur les priviléges vaille mieux qu'une société livrée à la poursuite brutale de l'égalité; qui ne voit que l'un des piliers de cette société hiérarchique était la foi? Qui ne voit que l'inégalité n'est supportable aux hommes que quand elle vient de Dieu? Et comment se figurer qu'un homme qui ne croit plus à l'église continuera de croire à son seigneur et à son roi? Rendez-nous la sainte ignorance du moyen-âge, et nous aimerons encore nos seigneurs (en supposant qu'on les aimât tant), nous aimerons nos rois, nos prêtres, nos églises, nos reliques. Pour retrouver ce temps d'innocence, il faudrait que l'esprit d'examen consentît à disparaître, et rendît les armes à toutes les vieilles autorités. La critique peut-elle nous

9

demander de croire encore à la sainte légende de Reims lorsqu'elle nous dépouille de la légende de Jésus ? On ne doit point, dans la société nouvelle, prendre et rejeter ce qui convient, au gré de ses goûts personnels, prendre le principe de la liberté de la pensée et de la science, et rejeter le principe de l'indépendance politique. Tout cela forme une société une, qui n'a pas encore trouvé son assiette, mais qui n'a plus rien de commun avec celle du moyen-âge. La politique consiste à voir les choses comme elles sont, et non comme on voudrait qu'elles fussent. L'utopie du passé est aussi dangereuse peut-être que l'utopie de l'avenir.

C'est d'ailleurs un procédé trop facile que de prendre le bien d'un côté, de l'autre le mal, d'idéaliser l'un et d'exagérer l'autre. L'histoire rigoureuse n'a rien à voir avec une telle méthode, et c'est trop confondre la politique avec l'esthétique et la poésie. Il faut comparer chaque société avec ses biens et ses maux, sans exagérer par l'imagination ni les uns ni les autres : or ce travail fait avec soin donnerait peut-être des résultats bien différents de ceux que proclame notre brillant critique. Sur un point essentiel, on peut dire que la lumière est faite : c'est la question du bien-être. On reconnaît au moins sur ce point la supériorité de la société nouvelle ; mais on en parle avec quelque dédain, comme d'une chose de peu d'importance, en comparaison des beautés morales et pittoresques du régime aristocratique. Cependant, lorsque nous lisons dans Vauban que le dixième de la population était réduit à la mendicité, il faut reconnaître qu'il y avait quelques ombres à ces beaux tableaux. Encore une fois, la politique n'est pas l'esthétique. Elle n'a pas le droit de traiter de haut le bien-être des hommes, et il est permis de dire que le vrai critérium d'une société bien constituée est précisément ce bien-être si méprisé. Une société riche est une société qui travaille ; une société qui travaille n'a pas de mauvaises mœurs, quoi qu'on puisse en dire sur les fausses apparences que présentent les grandes villes. Une société qui a des mœurs a de bons soldats, et avec l'instruction elle aura de bons citoyens. Telle est la série de faits qui permet de conjecturer que, malgré les crises les plus douloureuses, une telle société a en elle-même les moyens de salut, sans aller se reprendre à des institutions épuisées, qui ont épuisé toute leur vertu. Que si cependant cette société avait en soi un principe de corruption véritablement incurable, on aurait encore le droit de demander si ce principe ne lui a pas été transmis par le passé, et si la révolution, au lieu d'en être la cause, n'en serait pas uniquement le remède impuissant.

Dans un autre de ses écrits (1) M. Renan a résumé en quelques aphorismes hardis et cruels le procès de la révolution française. On peut regretter que ces critiques si vives ne soient pas accompagnées de preuves suffisantes. La révolution, dit-il, a été une tentative infiniment honorable; mais ce n'est là qu'une politesse faite au peuple français, car il ajoute aussitôt que c'est « une expérience manquée. » Pourquoi manquée? Expliquez-vous. Au contraire rien n'a mieux réussi que les réformes sociales de la révolution; elles ont traversé tous les régimes, et il n'est pas besoin d'être un grand prophète pour prédire qu'elles résisteront à tous les assauts. Une expérience aussi solide et aussi durable n'est pas une expérience manquée. Le code de la révolution semble avoir été fait, selon M. Renan, pour quelqu'un qui naîtrait « enfant trouvé, et mourrait célibataire. » A quel article du code s'applique cette critique? S'agit-il de l'égalité des partages? Cette égalité suppose précisément un père qui n'est pas célibataire, et des enfants qui ne sont pas enfants trouvés. On ne s'explique pas davantage un code qui rend tout « viager, » comme si

1. *Questions contemporaines*, préface.

le code civil eût aboli l'héritage, « où les enfants sont
un inconvénient pour le père, » comme si, dans l'ancien régime, les filles des familles nobles n'étaient pas
un grand inconvénient, puisqu'on en faisait des religieuses malgré elles, et comme si les cadets aussi ne
fussent pas un inconvénient, qui n'avait de compensa-
tion que dans les faveurs du roi. Le code de la révolution est encore un code « où l'homme avisé est l'égoïste
qui s'arrange pour avoir le moins de devoirs possible ; »
hélas! il en a été ainsi de tous les temps, et l'on ne
voit pas en quoi les priviléges, en permettant plus de
jouissances à l'homme avisé, auraient pour résultat de
le rendre moins égoïste !

Insistons seulement sur un point, que l'auteur n'in-
dique que dans une parenthèse (selon sa méthode),
mais qui est en effet toute une théorie. Il reproche à la
révolution d'avoir détruit « les personnalités collectives, » qui sont, dit-il, « les seules véritables. » Pourquoi seraient-elles les seules véritables? et comment
une collection peut-elle être une personne? c'est ce
qu'on n'explique pas. Si les personnes collectives sont
les seules vraies, pourquoi l'État, qui est aussi sans
doute une personne collective, ne serait-il pas la dernière, la plus complète des personnalités, et pourquoi

n'embrasserait-il pas, n'absorberait-il pas toutes les autres? Au nom de quel principe décidera-t-on que c'est
telle collection plutôt que telle autre qui est le vrai
noyau social? si les individus ne valent que par leur
rapport avec les corporations dont ils font partie, pourquoi ces corporations elles-mêmes auraient-elles un
mode d'existence indépendant d'une collection plus
vaste? et de groupe en groupe, chacune se perdant dans
un groupe supérieur, n'iront-elles pas toutes à leur
tour se noyer dans l'État? Que si ces groupes formés
par l'histoire et par la force des choses ont eu une
raison d'être et une vie propre, tant qu'elles répondirent à une situation sociale déterminée, quelles raisons
pourraient-elles avoir de continuer à vivre, cette situation ayant changé? N'est-ce pas ce qui est arrivé aux
groupes détruits par la révolution? Ces groupes n'étaient
en réalité que des ligues pour défendre l'individu dans
un état d'anarchie, où la société civile, la loi, l'autorité
publique n'existaient plus, ou n'existaient pas encore.
C'est ainsi que les universités, les ordres, les communes,
les corporations marchandes et industrielles étaient des
sociétés d'assurance mutuelle contre la violence et
l'oppression. De ce fait ne résulte nullement pour ces
corporations un droit naturel et essentiel à exister tou-

jours. Que si elles ne rendent plus de services, ou
même si elles sont devenues des obstacles à la civilisation, rien de plus légitime que de les supprimer, et de
les remplacer par d'autres institutions. Ce ne sont après
tout que des unités relatives, qui n'ont le droit de vivre
que tant qu'elles sont douées de vitalité. Or c'est ce
qu'on ne peut dire de ces vieilles institutions du moyen
âge qui ne répondaient plus à rien au XVIIIe siècle, et
n'étaient que des ruines médiocrement vénérables. Si
la personne collective est la seule vraie, l'État qui est
aujourd'hui la seule personne collective qui ait hérité
de toutes les autres (et cela par un droit historique
égal à celui qui avait formé celles-ci), l'État, dis-je, doit
être tout, et nous voilà en plein socialisme. Quant à
soutenir qu'il eût fallu créer artificiellement des corporations nouvelles, rien de moins conforme aux principes d'une vraie philosophie : en politique, on ne peut
rien créer artificiellement. Sans doute il faut que la loi
puisse permettre la formation d'unités collectives, de
groupes, de personnes morales. De là le principe de la
liberté d'association; mais ce principe repose précisément sur le droit de la personne individuelle, la seule
véritable, et non pas sur celui des personnes collectives,
qui n'existent pas encore, et qu'il s'agit de constituer.

C'est donc à relever l'individu en face de l'État, et non à défendre des groupes factices, disparus très-légitimement, qu'une vraie philosophie de la révolution doit s'appliquer. Ce serait alors revenir simplement à la pensée de Tocqueville, pensée vraiment sage et philosophique, dont les vues de M. E. Renan ne sont que la chimérique et dangereuse exagération.

Au reste, nous ne pensons pas nous tromper en supposant que M. Renan, sans renier ces critiques, serait plus disposé aujourd'hui à relever les grands aspects de la révolution qu'à en accuser les erreurs. Désabusé, il nous l'apprend, dans quelques-unes de ses illusions germaniques, fort étonné, paraît-il, que les soldats allemands eussent des passions grossières et brutales « comme les soudards de tous les temps, » il ne serait peut-être pas aussi prompt qu'autrefois à sacrifier l'élément gaulois à l'élément « germanique. » Avec la sagacité si rare qui le caractérise, il comprend aussi que ce n'est pas le moment d'affaiblir aucune des forces vives du pays; or l'une de ces forces est la croyance en la vérité de la révolution, croyance qui n'implique nullement l'aveuglement sur ses erreurs. Tel nous paraît être l'esprit des dernières pages écrites par M. Renan, et qui sont au nombre des plus nobles et des plus belles qu'il ait écrites (1). Il y revendique contre l'Allemagne l'originalité du génie français : « L'Allemagne, dit-il, ne fait pas de choses désintéressées pour le reste du monde. Très-noble sans doute est le libéralisme allemand se proposant pour objet moins l'égalité des classes que la culture et l'élévation de la nature humaine en général ; mais les droits de l'homme sont bien aussi quelque chose. Or c'est notre xviii⁰ siècle et notre révolution qui les ont fondés. » On le voit, ici l'éminent critique relève l'idée de la révolution précisément dans ce qu'elle a de plus philosophique, de plus général, de plus humain ; il la relève dans ce que l'école historique a le plus attaqué, les droits de l'homme. Là en effet est la pierre angulaire de la révolution, et c'est sur cette pierre que l'humanité future bâtira son église. Construisons le temple, si nous le pouvons, sans ébranler la pierre.

Un autre critique a été plus loin encore que M. Renan dans la sévérité contre la révolution. Si M. Renan exagère la pensée de Tocqueville, M. Émile Montégut exagère la pensée de M. Renan (2). Il ne se contente pas de

1. *La Réforme intellectuelle et morale*, préface (Paris, 1872).
2. Voir ses deux articles de la *Revue des Deux-Mondes*, sous ce titre : *Où en est la Révolution française* (1871).

proclamer « la banqueroute » de la révolution, mais il
la déclare « irrévocable. » Il est bien dangereux de
prononcer de telles paroles. Nous ne savons si la banqueroute de la révolution est irrévocable; mais ce qui
est certainement irrévocable, c'est la révolution elle-
même. Hors de là, c'est l'abîme. Il n'y a que trois
types de société possibles : la société de l'ancien régime, celle de la révolution, celle du socialisme. La
première a péri sans retour; si la seconde a fait banqueroute, il ne reste que la troisième. C'est ainsi que,
pour guérir un mal, on nous y précipite de plus en
plus.

A toutes les critiques précédentes, déjà discutées,
M. Em. Montégut en ajoute une nouvelle qui mérite
une attention particulière. Il a étudié la révolution dans
ses rapports avec l'idée de patrie. Il a essayé de démontrer que la révolution a effacé, ou tout au moins atténué
en France et en Europe le patriotisme. La révolution
en effet avec son caractère humanitaire et cosmopolite
tend à affaiblir ce sentiment. On voit les partis révolutionnaires dans tous les pays faire cause commune,
au nom d'une certaine république universelle dans laquelle ces différents peuples iraient se noyer sans frontières et sans limites. On voit de plus en plus les classes

laborieuses de tous les pays européens faire alliance contre les classes possédantes, former ainsi une famille et une patrie plus chère à leurs yeux que la patrie natale.

Il y a de la vérité dans ces observations; mais si les faits sont vrais, les conséquences que l'on en tire sont excessives. Le fait que l'on invoque ici n'a rien de particulier à la révolution, et n'en est pas la conséquence. Dans tous les temps il a été conforme à la passion des partis et des sectes de faire prédominer leurs intérêts propres sur les intérêts de la patrie. Rien de plus commun dans notre histoire (1); et c'est un vice qui n'est pas plus celui du parti démagogique et révolutionnaire que des autres partis. Est-il nécessaire de rappeler par exemple qu'au XVIᵉ siècle, le parti catholique avait son chef à Rome, que pendant le siége de Paris par Henri IV, le légat du pape était l'âme du gouvernement, que, si les modérés d'entre les ligueurs se rattachaient aux Guise et à Mayenne, les ardents, les seize, les curés recevaient l'or de l'Espagne, et travaillaient pour la cause de Philippe II? Ne sait-on pas que ce sont les armées espagnoles commandées par le duc de Parme qui ont forcé Henri IV à lever le siége de Paris? Si cou-

1. Il en est de même dans toute histoire. Les Jacobites d'Angleterre n'invoquaient-ils pas les armes de la France pour rétablir leur roi dépossédé?

pables que soient nos modernes révolutionnaires, on ne peut cependant leur imputer rien de semblable. Ce n'est pas seulement le parti catholique qui s'est allié à l'étranger contre la patrie : c'est encore le parti protestant ; ne recevait-il pas du secours de l'Angleterre, comme les catholiques de l'Espagne? c'est aussi le parti aristocratique qui, sous Richelieu et sous Louis XIV, ne craignait pas de semblables alliances, non plus par conformité de croyance et par une sorte de fanatisme de foi, plus ou moins respectable, mais uniquement dans un intérêt de caste, et plus souvent encore dans un intérêt tout personnel. Eh quoi! on accusera notre siècle de manquer de patriotisme, et l'on oublie que Condé, le grand Condé, cette vieille gloire de l'ancienne France, de la France traditionnelle et monarchique, a commandé les armées espagnoles contre les armées françaises, et cela sans une foi, sans un principe, même sans un fanatisme quelconque, sans autre mobile que la plus grossière ambition, ici pour la cour, là contre elle, selon qu'on obéissait ou qu'on résistait à ses caprices tyranniques et à ses rapacités; et ce héros, avide, traître et homicide, qui, à Paris même, à l'Hôtel-de-Ville (1), donnait à de futurs démagogues l'exemple de l'incendie et de

1. Voir, dans l'*Histoire de la Fronde*, t. II, c. IX, de M. de

l'assassinat, est sans cesse représenté depuis deux siècles aux générations françaises comme le type de la
grandeur!

Pour arriver à des temps plus récents, qui donc a
défendu le sol de la patrie, qui donc au contraire a
combattu la patrie avec l'aide des étrangers? On dit
que l'intérêt révolutionnaire réunit les partis démago-
giques sans distinction de frontières? Mais peut-on oublier qu'il en a été exactement de même de l'intérêt
aristocratique et monarchique? Les émigrés étaient-ils
du côté de la révolution, ou du côté contraire?

On ne voudrait pas opposer paradoxe à paradoxe;
mais on serait presque tenté de dire que la révolution,
bien loin d'affaiblir l'idée nationale, lui a donné au contraire un élan nouveau, et que c'est elle qui a vraiment
créé une tradition française? A quelle époque, dans
quel temps, les souvenirs de la patrie, les gloires des
anciens temps ont-ils occupé une aussi grande place
que de nos jours, dans les lettres, dans les arts, dans
les entretiens familiers? Cherchez dans les écrivains
illustres du temps de Louis XIV des allusions courantes
aux événements du passé! Rien de plus rare. Est-il

Sainte-Aulaire, le rôle odieux de Condé dans l'affaire de l'Hôtel-
de-Ville.

jamais question de Jeanne-d'Arc, de Bayard, de L'Hôpi-
tal, de Duguesclin, même de saint Louis et de Henri IV,
noms si populaires aujourd'hui, dans les écrits de Bossuet, de La Bruyère, de Mme de Sévigné, de Boileau,
de Racine, de La Fontaine ? Non ; pas de souvenirs, tel
est le caractère du XVIIᵉ siècle. Tout est dans le roi,
adoré comme une idole pendant sa vie, mais dont on
cassera le testament quand il sera mort ! De notre
temps, au contraire, la peinture, la comédie, le roman,
la controverse politique, tout est plein de la France ;
non-seulement, comme on l'a dit, de la France révolutionnaire, mais de la France tout entière. N'est-ce
que l'érudition qui animait les Thierry, les Guizot, les
Michelet, et qui renouvelait, rajeunissait, enrichissait
notre histoire nationale ? Non, c'était l'amour du pays,
devenu plus cher depuis qu'il était devenu un peuple,
et qu'il avait des droits !

Dans le même ordre d'idées que les écrivains précédents, mais avec un esprit plus ferme, plus politique,
plus éclairé, je distingue l'auteur d'un écrit récent sur
l'*Héritage de la révolution* (1), M. Courcelle-Seneuil,
éconnomiste distingué, qui signale à son tour « l'avorte-

1. Paris, 1872.

ment » de la révolution ; mais d'abord il ne croit pas
cet avortement irrévocable, et de plus il n'entend pas
par là que la révolution aurait été un fruit malsain, mal
venu, mal conçu ; au contraire il pense que ce fruit,
bon en lui-même, aurait été vicié et mutilé par de faux
médecins et de coupables charlatans, en d'autres termes
par de mauvais gouvernements. Il proteste, comme Tocqueville et tous les écrivains de l'école libérale, contre les
tendances autoritaires et centralisatrices de notre société ;
mais au lieu de rapporter ces tendances, ainsi qu'on
le fait d'ordinaire, à la révolution elle-même, il af-
firme que c'est contre cela même qu'elle a été faite.
C'est l'ancien régime qui seul est coupable, et, si nous
sommes encore sous le règne d'un despotisme adminis-
tratif, fiscal, universitaire, clérical, militaire, en un mot
« du mandarinisme, » c'est que l'édifice détruit par la
révolution a été en grande partie reconstruit par l'empire et par tous les gouvernements ultérieurs, le parti
républicain lui-même n'ayant pas été moins empressé
que les autres à utiliser cette grande machine à son
profit.

Ces vues mériteraient d'être démontrées historique-
ment et appuyées sur des preuves plus nombreuses et
plus précises; c'est ce que ne fait pas l'auteur, son but

étant plutôt de proposer un plan de reconstruction politique que de nous donner une explication historique ou
philosophique de la révolution. Il est vrai que l'on a
fait souvent valoir très-faussement au profit du césarisme une prétendue indifférence de la révolution en
faveur de la liberté, et que l'on a systématiquement,
dans un intérêt de domination, réduit le but de 1789 à
l'égalité des conditions sous un gouvernement fort. C'est
là sans doute une très-fausse théorie; et sous le dernier empire, tous les écrivains libéraux, M. de Rémusat
par exemple, ont souvent protesté contre cette philosophie césarienne de la révolution française. L'auteur est
donc dans le vrai, quand il réclame à son tour, en faveur des principes de 89, contre ceux qui veulent les
accaparer au profit d'une dictature quelconque. Seulement, est-il bien vrai que la révolution soit aussi inno-
cente qu'il le dit des excès autoritaires, qu'il reproche
à la société passée, et à la société présente ? Il a raison
de dire que la dictature jacobine s'explique par les né-
cessités de la guerre; mais de quelque manière qu'elle
s'explique, toujours est-il que la révolution se trouvait,
dès son début, engagée dans les voies de la tyrannie.
Cette dictature militaire était en même temps une dictature politique, et même sacerdotale; car la théorie

jacobine n'imposait pas seulement l'obéissance ; elle allait jusqu'à imposer la vertu et la croyance. Ainsi, à peine la révolution était-elle proclamée qu'elle était déjà entraînée à emprunter à l'ancien régime, en les poussant à l'extrème, les moyens les plus arbitraires de gouvernement Quoi qu'on fasse, on ne peut donc la justifier sur ce point ; c'est elle-même qui préparait au pouvoir militaire les moyens de la paralyser et de l'asservir.

Au reste, en signalant la dictature jacobine et plus tard le despotisme impérial comme la conséquence des grandes guerres que la révolution a eu à subir, l'auteur ne paraît pas s'apercevoir qu'il touche ici à l'une des difficultés principales de sa théorie de libéralisme radical et absolu. Pourquoi la France était elle en guerre en 93? C'était en raison de sa situation continentale, qui ne permet pas que rien se passe chez nous qui soit indifférent à nos voisins. Mais cette situation continentale n'est pas un fait accidentel et passager. Elle lui est essentielle ; par le fait de cette situation, la France menace ses voisins, et en est menacée. Elle est menacée par leur ambition ; elle les menace par ses instincts de conquête qui sont insensés sans doute, mais qui font partie des folies inhérentes à la nature humaine et qui sont communs à tous les peuples. Chez un peuple placé dans cette situation, l'élément militaire devra toujours jouer un rôle considérable ; et un gouvernement qui aura à sa disposition une grande force militaire, sera toujours un gouvernement fort. On peut sans doute chercher à atténuer cet excès de force, en introduisant le plus possible la nation dans l'armée : mais, de quelque manière qu'on s'y prenne, une forte armée, nationale ou non, devra toujours obéir au gouvernement : car une armée qui n'obéit pas, non-seulement ne protége pas, mais elle opprime, elle déchire le pays ; et, encore une fois, un pouvoir qui a une armée entre les mains, de quelque manière qu'elle soit organisée, sera toujours un pouvoir fort.

Il y a une autre raison qui contribue en France à donner une plus grande puissance à l'État que dans d'autres pays. C'est que la France est catholique : or c'est le propre de la religion catholique, que son chef réside en dehors de l'État : il est donc, soit un souverain étranger, soit le sujet d'un gouvernement étranger, soit enfin, comme aujourd'hui, une personne exceptionnelle, ni souverain, ni sujet. Il donne des ordres à tous les fidèles, et quoique ces ordres ne soient d'ordinaire que relatifs aux choses spirituelles, qui ne regardent pas l'État, il peut en donner aussi de temporels, comme au moyen âge, la publication des croisades, la déposition des rois, etc. Aujourd'hui sans doute de tels actes ne sont plus à craindre; mais il peut toujours s'en produire d'analogues; par exemple, qui doute que le pape ne puisse, le cas échéant, faire injonction à tous les fidèles de prendre les armes, ou même de faire prendre les armes à leur gouvernement pour lui faire restituer son pouvoir temporel? En supposant qu'il y réussît, voilà donc le pays entraîné dans une guerre sur l'ordre d'un souverain étranger. Un tel pouvoir est-il conciliable avec l'indépendance du pays? Si un peuple est autorisé à prendre des précautions soit contre le pouvoir exécutif, pour qu'il n'empiète pas sur le législatif, soit contre le pouvoir militaire pour qu'il n'empiète pas sur les lois, on se demande pourquoi il ne serait pas permis d'organiser un système de précautions, aussi conciliables que possible avec la liberté religieuse, contre un pouvoir sacerdotal dont le chef irresponsable réside en dehors de l'action du gouvernement. Que les précautions prises jusqu'ici soient ou ne soient pas sages et efficaces, c'est une question à examiner: mais qu'il soit légitime d'en chercher d'efficaces, c'est ce qui me paraît évident; et, ce système de précautions, quel qu'il soit, constituera toujours une force importante entre les mains du gouvernement. Ces observations ne sont pas pour défendre les abus du système autoritaire, et nous sommes d'accord avec toute l'école libérale que ce système a de beaucoup dépassé en France le strict nécessaire, et qu'il a atteint la limite où il paralyse l'énergie individuelle, l'esprit d'invention, le courage civil et le sentiment de la responsabilité. Sur ce point, la lumière est faite, et tous les bons esprits sont gagnés à ces vérités; on ne gagnera rien de plus en les exagérant. La seule réserve que nous ayons à faire, c'est que ce n'est pas seulement par un esprit de despotisme que la révolution d'abord, que les régimes ultérieurs ensuite, ont fait à l'État une part plus grande que ne l'auraient exigé les principes bien entendus de 89; et que dans un pays continental (et par conséquent militaire), catholique (et par conséquent soumis à deux souverains), l'État a par la force des choses une responsabilité plus grande, et en raison de cette responsabilité même, de plus grands moyens d'action. Ce sont là des conditions fâcheuses d'existence, mais dont il faut accepter les conséquences, en les réduisant au strict nécessaire. La politique abstraite a raison de poser les vrais principes; mais la politique concrète a pour objet de faire con--

corder ces principes avec les éléments tels quels d'une situation donnée.

On ne peut que louer d'ailleurs la fermeté avec laquelle l'auteur, lui-même républicain, combat les préjugés révolutionnaires de son parti (1), et surtout ceux du parti socialiste, dont les républicains ont si imprudemment, selon lui, accepté trop souvent l'alliance. Il réfute, après Michelet, l'interprétation historique qui représente la révolution comme « faite par les ouvriers, et escamotée par les bourgeois (2). » Il se plaint avec raison de l'ignorance publique qui ne sait pas bien encore s'il y a ou s'il n'y a pas « une question sociale (3). »

Cette question sociale est un monstre dont on a peur, mais on n'est pas bien sûr qu'il n'existe pas. De là des espérances, d'une part, des craintes de l'autre qui rendent toute liberté impossible : Car « dès que la crainte et l'espérance prennent sur l'âme du peuple un certain empire toute raison s'éclipse, et les multitudes deviennent un jouet. » L'auteur cherche les causes du socialisme ; il les voit dans le passage subit du système des corporations à la liberté du travail. Les ouvriers

C. III, § 3.
C. III, § 2, p. 107.
Introd., IV.

n'ont senti que leur émancipation, sans comprendre la responsabilité qui en était la conséquence. En même temps, le régime du monopole survivant ou renaissant malgré la révolution, ne leur permettait pas de distinguer les droits des priviléges; et ils durent envelopper les uns et les autres dans une haine commune. Enfin, ils ont confondu la cause du socialisme avec celle de la révolution; et les républicains ont commis la faute de les croire. Ils ont vu dans le socialisme l'avenir, au lieu d'y voir un vieux rêve du passé : « Erreur fatale ! Loin d'être l'allié de la révolution, le socialisme en est la maladie et l'obstacle. Tant que cette vérité ne sera pas comprise, la France ne sortira d'une tyrannie que pour tomber dans une autre (1). »

Nous sortirions de notre sujet, ou plutôt nous y entrerions plus profondément et plus avant que nous ne voulons le faire ici, si nous suivions l'auteur dans ses plans de reconstruction politique et sociale. Il pense avec raison qu'il ne peut être question de réagir contre la révolution, mais au contraire de reprendre son œuvre organique, de la consolider et de la continuer en se servant des études faites et de l'expérience acquise pendant quatre-vingts ans (2).

1. *Introd.*
2. *Ibid.*, p. 20.

Nous admettons entièrement cette conclusion, qui est aussi la nôtre.

Pour nous résumer d'un mot, nous dirons que, tout pesé, tout considéré, excès à part, la révolution a eu raison. La société de l'ancien régime ne répondait plus, ni à l'idée de justice que la conscience humaine commençait à concevoir, ni aux intérêts que le temps avait fait naître. Les inégalités étaient trop pesantes; les restrictions étaient innombrables. Les hommes étaient enchaînés et accablés par mille petites et grandes tyrannies, dont l'utilité relative avait disparu et dont il ne restait que le poids. Si les hommes eussent été raisonnables, ils auraient pu dénouer peu à peu cette situation, les uns par d'opportuns sacrifices, les autres par des réclamations modérées : mais les passions et les excès, inévitables dans les affaires humaines, ne doivent pas couvrir la vérité éclatante des principes proclamés en 1789. La liberté de l'industrie et du travail, la liberté de la propriété, la liberté de conscience et de pensée, l'égalité des charges, le droit aux fonctions, la participation à la souveraineté, la gratuité de la justice, l'égalité légale, l'unité de l'État ne sont pas, quoi que on en dise, des abstractions métaphysiques nées du cerveau des philosophes. Ce sont des maximes du bon

sens, qui de tout temps avaient été plus ou moins reconnues et proclamées, mais qui avaient toujours manqué
de sanction : ce sont les besoins de tout peuple civilisé,
et qui deviendront de plus en plus le type d'une société
civilisée. Tous les faits de l'histoire moderne tendent
vers l'accomplissement de ces besoins, vers l'établissement d'une société de ce genre. La révolution n'a fait
autre chose que de condenser tous ces vœux en un
système. La France a scandalisé et révolté le monde
parce que c'est elle qui a engagé la lutte, et que c'est
chez elle que le débat a eu lieu sur une vaste échelle
dans de terribles proportions. C'est elle qui a lutté,
souffert, vaincu pour les autres peuples : ceux-ci ont
pu ensuite opérer graduellement et paisiblement les réformes dont la France disputait si douloureusement le
prix. Quelques-unes de ces réformes, d'ailleurs, soit la
liberté religieuse, soit la liberté politique, avaient été
déjà accomplies dans d'autres pays ; et l'on ne voit pas
pourquoi les critiques les considéreraient ailleurs comme
de justes franchises, et en France comme de vaines
abstractions ; n'y aurait-il donc que la France qui n'aurait pas le droit d'avoir des droits ? C'est ce que l'on
croirait quelquefois en entendant quelques-uns de ces
critiques, toujours tournés vers les Germains et les

Anglo-Saxons, et qui n'ont jamais que dédain pour leur pays. Cependant, sans méconnaître ce que les autres peuples ont fait pour la liberté des hommes, et pour le progrès du droit dans le monde, il nous est permis de dire que tout ce qui existait en ce genre était épars, incomplet, incohérent, mêlé ici à un terrible arbitraire, là à des priviléges injustifiables. La révolution française comme la révolution américaine ont eu l'une et l'autre ce caractère commun d'être un système complet d'émancipation ; mais avec cette différence qu'en Amérique il n'y avait pas d'ancien régime, que les droits de l'homme devaient s'établir sans obstacle, là où il n'y avait ni noblesse, ni royauté, ni sacerdoce. Il n'en était pas de même en France. Ce que l'Océan avait fait pour l'Amérique (la liberté étant passée d'un côté de l'Atlantique, tandis que l'ancien régime restait de l'autre), il a fallu que la révolution le fît en France : il fallut que sur le sol même de l'ancien régime la liberté prît racine. De là une lutte affreuse et déplorable, où la cause du droit et de la justice s'est trop souvent servi des armes mêmes de la tyrannie.

C'est là qu'est le point précis où se séparent, selon moi, l'approbation et le blâme. Ce qu'il faut condamner en effet dans la révolution, ce ne sont pas les principes, ce sont les moyens. Le but était sage et juste ; les moyens ont été détestables, et les moyens ont souvent altéré les principes, et leur ont communiqué leur propre corruption. Il s'est fait alors une confusion dans l'esprit des hommes, le mot de révolution ayant signifié à la fois le but et les moyens. Il faut savoir à la fois admirer le but qui est bon, réprouver les moyens qui sont mauvais. C'est ainsi qu'il faut être fidèle à l'esprit de la révolution, tout en répudiant l'esprit révolutionnaire.

Tout le procès de la révolution peut se ramener à cette antinomie. La révolution a voulu atteindre le droit et n'a su employer que la force, de sorte qu'en même temps qu'elle cherchait à établir la justice, elle la violait, et que les partis exagérés qui prétendaient la représenter dans sa pureté ont fini par confondre la justice avec la force, et appeler liberté un appétit insatiable de tyrannie. La force est sans doute l'auxiliaire de la justice, et un instrument nécessaire des choses humaines ; une société régulière ne peut s'en passer. De plus, lorsque le droit est par trop violé ici-bas par les pouvoirs légaux, quel autre moyen de le redresser que la force ? L'Amérique, l'Angleterre, la Hollande nous en ont donné l'exemple ; mais la force ne peut être admise que comme moyen de résistance à l'oppression, et non comme moyen d'oppression. De plus, l'emploi de la force ne doit être que rare et exceptionnel, il ne doit pas dégénérer en habitude. Tel est le double vice de notre révolution, que la force, au lieu d'y avoir été seulement un moyen de résistance, y est devenue un instrument de despotisme, et qu'au lieu de servir pendant un temps de crise et par exception s'y est transformé en une habitude. Sans doute on s'explique facilement ce vice dans un pays de monarchie absolue, où a toujours manqué tout élément de liberté pratique, et qui n'a été libre que par l'esprit. Quelles que soient les causes du mal, il n'en est pas moins devenu constitutionnel. L'appel à la force et le gouvernement par la force est le *credo* des partis révolutionnaires, et les autres partis leur ont trop souvent emprunté les articles de ce *credo*. Aujourd'hui il faut renoncer à tout jamais à ces tristes traditions. Ne parlons plus du passé : chacun pourra trouver de bonnes raisons pour condamner ou justifier tel ou tel événement. Acceptons-les, sans les juger, comme irrévocables et comme ayant amené l'état actuel, c'est-à-dire la reprise de possession de la souveraineté par le souverain. Quoi qu'on puisse dire de telle ou telle politique, le fait éclatant, c'est que la France aujourd'hui s'appartient à elle-même et qu'elle

n'est pas encore retombée entre les mains d'un parti.
Ici commence si nous le voulons une nouvelle ère de
notre histoire. Nul ne peut dire ce qu'elle sera, il est
permis de dire ce qu'elle doit être. Elle doit être, elle
peut être une ère de droit, et non le triomphe de la
force; elle doit être non la surprise, violente ou frau-
duleuse, du pouvoir par quelques-uns, mais le libre
usage de la souveraineté entre les mains de tous. Le
premier qui recommencera à rentrer dans le cercle
infernal sera traître avec la patrie.

On prétend que toutes les expériences politiques ont
été faites en France. Non, elles ne l'ont pas été. Il en
est une qui reste à faire et qui est décisive, c'est celle
du gouvernement du pays par lui-même. Jusqu'ici ce
sont les partis qui se sont emparés du pays; il faut
aujourd'hui que ce soit lui qui se serve des partis, et
qui les subordonne à lui-même. Nul parti, pas plus
les conservateurs que les démocrates, n'a un droit absolu
au gouvernement du pays. Les uns se croient ce droit
parce qu'ils représentent à leurs propres yeux les principes de l'ordre; les autres se croient le même droit,
parce qu'ils se figurent représenter exclusivement le
progrès, l'avenir, la justice. Les uns et les autres se
trompent; ils doivent leurs services au pays, mais ils

n'ont aucune autorité sur lui : c'est lui qui est le seul juge. Le jour où ils accepteront sincèrement et définitivement l'autorité de ce juge suprême, notre conviction est que l'esprit révolutionnaire sera vaincu, et la cause de la révolution sera gagnée.

FIN

TABLE DES MATIÈRES

FIN DE LA TABLE DES MATIÈRES.

COULOMMIERS. — Typ. A. MOUSSIN.

JUILLET 1874

—

LIBRAIRIE GERMER BAILLIÈRE

17, RUE DE L'ÉCOLE-DE-MÉDECINE, A PARIS

EXTRAIT DU CATALOGUE

BIBLIOTHÈQUE

DE

PHILOSOPHIE CONTEMPORAINE

Volumes in-18 à 2 fr. 50 c.

Cartonnés 3 fr.

H. Taine.

LE POSITIVISME ANGLAIS, étude sur Stuart Mill. 1 vol.
L'IDÉALISME ANGLAIS, étude sur Carlyle. 1 vol.
PHILOSOPHIE DE L'ART, 2e éd. 1 v.
PHILOSOPHIE DE L'ART EN ITALIE. 1 vol.
DE L'IDÉAL DANS L'ART. 1 vol.
PHILOSOPHIE DE L'ART DANS LES PAYS-BAS. 1 vol.
PHILOSOPHIE DE L'ART EN GRÈCE. 1 vol.

Paul Janet.

LE MATÉRIALISME CONTEMPORAIN. Examen du système du docteur Büchner, 2e édit. 1 vol.
LA CRISE PHILOSOPHIQUE. MM. Taine, Renan, Vacherot, Littré. 1 vol.
LE CERVEAU ET LA PENSÉE. 1 vol.

Odysse-Barot.

PHILOSOPHIE DE L'HISTOIRE. 1 vol.

Alaux.

PHILOSOPHIE DE M. COUSIN. 1 vol.

Ad. Franck.

PHILOSOPHIE DU DROIT PÉNAL. 1 vol.
PHILOSOPHIE DU DROIT ECCLÉSIASTIQUE. 1 vol.
LA PHILOSOPHIE MYSTIQUE EN FRANCE AU XVIIIe SIÈCLE. 1 vol.

Charles de Rémusat.

PHILOSOPHIE RELIGIEUSE. 1 vol.

Émile Saisset.

L'AME ET LA VIE, suivi d'une étude sur l'Esthétique franç. 1 vol.
CRITIQUE ET HISTOIRE DE LA PHILOSOPHIE (frag. et disc.). 1 vol.

Charles Lévêque.

LE SPIRITUALISME DANS L'ART 1 vol.
LA SCIENCE DE L'INVISIBLE. Étude de psychologie et de théodicée. 1 vol.

Auguste Laugel.

LES PROBLÈMES DE LA NATURE. 1 vol.
LES PROBLÈMES DE LA VIE. 1 vol.
LES PROBLÈMES DE L'AME. 1 vol.
LA VOIX, L'OREILLE ET LA MUSIQUE. 1 vol.
L'OPTIQUE ET LES ARTS. 1 vol.

Challemel-Lacour.

LA PHILOSOPHIE INDIVIDUALISTE. 1 vol.

L. Büchner.

SCIENCE ET NATURE, trad. de l'allem. par Aug. Delondre. 2 vol.

Albert Lemoine.

LE VITALISME ET L'ANIMISME DE STAHL. 1 vol.
DE LA PHYSONOMIE ET DE LA PAROLE. 1 vol.

BIBLIOTHÈQUE DE PHILOSOPHIE CONTEMPORAINE

FORMAT IN-8.

Volumes à 5 fr., 7 fr. 50 c. et 10 fr.

JULES BARNI. **La Morale dans la démocratie.** 1 vol. 5 fr.

AGASSIZ. **De l'Espèce et des Classifications**, traduit de l'anglais par M. Vogeli. 1 vol. in-8. 5 fr.

STUART MILL. **La Philosophie de Hamilton.** 1 fort vol. in-8, traduit de l'anglais par M. Cazelles. 10 fr.

STUART MILL. **Mes Mémoires.** Histoire de ma vie et de mes idées, traduit de l'anglais par M. E. Cazelles, 1 vol. in-8 5 fr.

STUART MILL. **Système de logique** déductive et inductive. Exposé des principes de la preuve et des méthodes de recherche scientifique, traduit de l'anglais par M. Louis Peisse, 2 vol. 20 fr.

DE QUATREFAGES. **Ch. Darwin et ses précurseurs français.** 1 vol. in-8. 5 fr.

HERBERT SPENCER. **Les premiers Principes.** 1 fort vol. in-8, traduit de l'anglais par M. Cazelles. 10 fr.

HERBERT SPENCER. **Principes de psychologie**, traduit de l'anglais par MM. Th. Ribot et Espinas. T. Ier, 1 vol. in-8. 10 fr.

AUGUSTE LAUGEL. **Les Problèmes** (Problèmes de la nature, problèmes de la vie, problèmes de l'âme). 1 fort vol. in-8. 7 fr. 50

ÉMILE SAIGEY. **Les Sciences au XVIIIe siècle**, la physique de Voltaire. 1 vol. in-8. 5 fr.

PAUL JANET. **Histoire de la science politique** dans ses rapports avec la morale, 2e édition, 2 vol. in-8. 20 fr.

TH. RIBOT. **De l'Hérédité.** 1 vol. in-8. 10 fr.

HENRI RITTER. **Histoire de la philosophie moderne**, trad. franç. préc. d'une intr. par M. P. Challemel-Lacour, 3 v. in-8. 20 fr.

ALF. FOUILLÉE. **La liberté et le déterminisme.** 1 v. in-8. 7 f. 50

BAIN. **Des Sens et de l'Intelligence.** 1 vol. in-8, trad. de l'anglais par M. Cazelles. 10 fr.

DE LAVELEYE. **De la propriété et de ses formes primitives.** 1 vol. in-8. 7 fr. 50

BAIN. **La Logique inductive et déductive**, traduit de l'anglais par M. Compayré. 2 vol. (*Sous presse.*)

HARTMANN. **Philosophie de l'Inconscient**, traduit de l'allemand. 1 vol. (*Sous presse.*)

ÉDITIONS ÉTRANGÈRES
Éditions anglaises.

AUGUSTE LAUGEL. **The United-States during the war.** 1 beau vol. in-8 relié. 7 shill. 6 p.

ALBERT RÉVILLE. **History of the doctrine of the deity of Jesus-Christ.** 1 vol. 3 sh. 6 p.

H. TAINE. **Italy** (Naples et Rome). 1 beau vol. in-8 relié. 7 sh. 6 d.

H. TAINE. **The Philosophy of art.** 1 vol. in-18, rel. 3 shill.

PAUL JANET. **The Materialism of present day**, translated by prof. Gustave MASSON. 1 vol. in-18, rel. 3 shill.

Éditions allemandes.

JULES BARNI. **Napoléon Ier und sein** Geschichtschreiber Thiers 1 vol. in-18. 1 thal.

PAUL JANET. **Der Materialismus unserer Zeit**, übersetzt von Prof. Reichlin-Meldegg mit einem Vorwort von prof. von Fichte. 1 vol. in-18. 1 thal.

H. TAINE. **Philosophie der Kunst.** 1 vol. in-18. 1 thal.

BIBLIOTHÈQUE D'HISTOIRE CONTEMPORAINE

Volumes in-18, à 3 fr. 50 c. — Cartonnés, 4 fr.

Carlyle.

HISTOIRE DE LA RÉVOLUTION FRANÇAISE, traduit de l'angl. 3 vol.

Victor Meunier.

SCIENCE ET DÉMOCRATIE. 2 vol.

Jules Barni.

HISTOIRE DES IDÉES MORALES ET POLITIQUES EN FRANCE AU XVIIIe SIÈCLE. 2 vol.

NAPOLÉON Ier ET SON HISTORIEN M. THIERS. 1 vol.

LES MORALISTES FRANÇAIS AU XVIIIe SIÈCLE. 1 vol.

Auguste Laugel.

LES ÉTATS-UNIS PENDANT LA GUERRE (1861-1865). Souvenirs personnels. 1 vol.

De Rochau.

HISTOIRE DE LA RESTAURATION, traduit de l'allemand. 1 vol.

Eug. Véron.

HISTOIRE DE LA PRUSSE depuis la mort de Frédéric II jusqu'à la bataille de Sadowa. 1 vol.

HISTOIRE DE L'ALLEMAGNE depuis la bataille de Sadowa jusqu'à nos jours, 1 vol.

Hillebrand.

LA PRUSSE CONTEMPORAINE ET SES INSTITUTIONS. 1 vol.

Eug. Despois.

LE VANDALISME RÉVOLUTIONNAIRE. Fondations litt., scientif. et artist. de la Convention. 1 vol.

Bagehot.

LA CONSTITUTION ANGLAISE, trad. de l'anglais. 1 vol.

LOMBARD STREET, le marché financier en Angl., tr. de l'angl. 1 v.

Thackeray.

LES QUATRE GEORGE, trad. de l'anglais par M. Lefoyer. 1 vol.

Émile Montégut.

LES PAYS-BAS. Impressions de voyage et d'art. 1 vol.

Émile Beaussire.

LA GUERRE ÉTRANGÈRE ET LA GUERRE CIVILE. 1 vol.

Édouard Sayous.

HISTOIRE DES HONGROIS et de leur littérature politique de 1790 à 1815. 1 vol.

Éd. Bourloton.

L'ALLEMAGNE CONTEMPORAINE. 1 v.

Boert.

LA GUERRE DE 1870-71 d'après le colonel féd. suisse Rustow. 1 v.

Herbert Barry.

LA RUSSIE CONTEMPORAINE, traduit de l'anglais. 1 vol.

H. Dixon.

LA SUISSE CONTEMPORAINE, traduit de l'anglais. 1 vol.

Louis Teste.

L'ESPAGNE CONTEMPORAINE, journal d'un voyageur. 1 vol.

J. Clamageran.

LA FRANCE RÉPUBLICAINE. 1 vol.

E. Duvergier de Hauranne.

LA RÉPUBLIQUE CONSERVATRICE. 1 v.

H. Reynald.

HISTOIRE DE L'ESPAGNE, depuis la mort de Charles III jusqu'à nos jours. 1 vol.

HISTOIRE DE L'ANGLETERRE, depuis la mort de la reine Anne jusqu'à nos jours. 1 vol.

L. Asseline.

HISTOIRE DE L'AUTRICHE, depuis la mort de Marie-Thérèse jusqu'à nos jours.

FORMAT IN-8.

Sir G. Cornewall Lewis.

HISTOIRE GOUVERNEMENTALE DE L'ANGLETERRE DE 1770 JUSQU'A 1830, trad. de l'anglais. 1 vol. 7 fr.

De Sybel.

HISTOIRE DE L'EUROPE PENDANT LA RÉVOLUTION FRANÇAISE. 2 vol. in-8. 14 fr.

Taxile Delord.

HISTOIRE DU SECOND EMPIRE, 1848-1870.

1869. Tome Ier, 1 vol. in-8. 7 fr.
1870. Tome II, 1 vol. in-8. 7 fr.
1872. Tome III, 1 vol. in-8 7 fr.
1874. Tome IV, 1 vol. in-8. 7 fr.
1874. Tome V, 1 vol. in 8. 7 fr

REVUE
Politique et Littéraire
(Revue des cours littéraires,
2ᵉ série.)

REVUE
Scientifique
(Revue des cours scientifique
2ᵉ série.)

Directeurs : MM. Eug. YUNG et Ém. ALGLAVE

La septième année de la **Revue des Cours littéraires** et de la **Revue des Cours scientifiques**, terminée à la fin de juin 1871, clôt la première série de cette publication.

La deuxième série a commencé le 1ᵉʳ juillet 1871, et depuis cette époque chacune des années de la collection commence à cette date. Des modifications importantes ont été introduites dans ces deux publications.

REVUE POLITIQUE ET LITTÉRAIRE

La *Revue politique* continue à donner une place aussi large à la littérature, à l'histoire, à la philosophie, etc., mais elle a agrandi son cadre, afin de pouvoir aborder en même temps la politique et les questions sociales. En conséquence, elle a augmenté de moitié le nombre des colonnes de chaque numéro (48 colonnes au lieu de 32).

Chacun des numéros, paraissant le samedi, contient régulièrement :

Une *Semaine politique* et une *Causerie politique* où sont appréciés, à un point de vue plus général que ne peuvent le faire les journaux quotidiens, les faits qui se produisent dans la politique intérieure de la France, discussions de l'Assemblée, etc.

Une *Causerie littéraire* où sont annoncés, analysés et jugés les ouvrages récemment parus : livres, brochures, pièces de théâtre importantes, etc.

Tous les mois la *Revue politique* publie un *Bulletin géographique* qui expose les découvertes les plus récentes et apprécie les ouvrages géographiques nouveaux de la France et de l'étranger. Nous n'avons pas besoin d'insister sur l'importance extrême qu'a prise la géographie depuis que les Allemands en ont fait un instrument de conquête et de domination.

De temps en temps une *Revue diplomatique* explique au point de vue français les événements importants survenus dans les autres pays.

On accusait avec raison les Français de ne pas observer avec assez d'attention ce qui se passe à l'étranger. La *Revue* remédie à ce défaut. Elle analyse et traduit les livres, articles, discours ou conférences qui ont pour auteurs les hommes les plus éminents des divers pays.

Comme au temps où ce recueil s'appelait la *Revue des cours littéraires* (1864-1870), il continue à publier les principales leçons du Collège de France, de la Sorbonne et des Facultés des départements.

Les ouvrages importants sont analysés, avec citations et extraits, dès le lendemain de leur apparition. En outre, la *Revue politique* publie des articles spéciaux sur toute question que recommandent à l'attention des lecteurs, soit un intérêt public, soit des recherches nouvelles.

Parmi les collaborateurs, nous citerons :

Articles politiques. — MM. de Pressensé, Ernest Duvergier de Hauranne, H. Aron, Em. Beaussire, Anat. Dunoyer, Clamageran.

Diplomatie et pays étrangers. — MM. Albert Sorel, Reynald, Léo Quesnel, Louis Leger.

Philosophie. — MM. Janet, Caro, Ch. Lévêque, Véra, Léon Dumont, Fernand Papillon, Th. Ribot, Huxley.

Morale. — MM. Ad. Franck, Laboulaye, Jules Barni, Legouvé, Ath. Coquerel, Bluntschli.

Philologie et archéologie. — MM. Max Müller, Eugène Benoist, L. Havet, E. Ritter, Maspéro, George Smith.

Littérature ancienne. — MM. Egger, Havet, George Perrot, Gaston Boissier, Geffroy, Martha.

Littérature française. — MM. Ch. Nisard, Lenient, L. de Loménie, Édouard Fournier, Bersier, Gidel, Jules Claretie, Paul Albert.

Littérature étrangère. — MM. Mézières, Büchner.

Histoire. — MM. Alf. Maury, Littré, Alf. Rambaud, H. de Sybel.

Géographie, Économie politique. — MM. Levasseur, Himly, Gaidoz, Alglave.

Instruction publique. — Madame C. Coignet, M. Buisson.

Beaux-arts. — MM. Gebhart, C. Selden, Justi, Schnaase, Vischer.

Critique littéraire. — MM. Eugène Despois, Maxime Gaucher.

Ainsi la *Revue politique* embrasse tous les sujets. Elle consacre à chacun une place proportionnée à son importance. Elle est, pour ainsi dire, une image vivante, animée et fidèle de tout le mouvement contemporain.

REVUE SCIENTIFIQUE

Mettre la science à la portée de tous les gens éclairés sans l'abaisser ni la fausser, et, pour cela, exposer les grandes découvertes et les grandes théories scientifiques par leurs auteurs mêmes ;

Suivre le mouvement des idées philosophiques dans le monde savant de tous les pays :

Tel est le double but que la *Revue scientifique* poursuit depuis dix ans avec un succès qui l'a placée au premier rang des publications scientifiques d'Europe et d'Amérique.

Pour réaliser ce programme, elle devait s'adresser d'abord aux Facultés françaises et aux Universités étrangères qui comptent dans leur sein presque tous les hommes de science éminents. Mais, depuis deux années déjà, elle a élargi son cadre afin d'y faire entrer de nouvelles matières.

En laissant toujours la première place à l'enseignement supérieur proprement dit, la *Revue scientifique* ne se restreint plus désormais aux leçons et aux conférences. Elle poursuit tous les développemen's de la science sur le terrain économique, industriel, militaire et politique.

Elle publie les principales leçons faites au Collége de France, au Muséum d'histoire naturelle de Paris, à la Sorbonne, à l'Institution royale de Londres, dans les Facultés de France, les universités d'Allemagne, d'Angleterre, d'Italie, de Suisse, d'Amérique, et les institutions libres de tous les pays.

Elle analyse les travaux des Sociétés savantes d'Europe et d'Amérique, des Académies des sciences de Paris, Vienne, Berlin, Munich, etc., des Sociétés royales de Londres et d'Édimbourg, des Sociétés d'anthropologie, de géographie, de chimie, de botanique, de géologie, d'astronomie, de médecine, etc.

Elle expose les travaux des grands congrès scientifiques, les Associations *française, britannique* et *américaine*, le congrès des naturalistes allemands, la Société helvétique des sciences naturelles, les congrès internationaux d'anthropologie préhistorique, etc.

Enfin, elle publie des articles sur les grandes questions de philosophie naturelle, les rapports de la science avec la politique, l'industrie et l'économie sociale, l'organisation scientifique des divers pays, les sciences économiques et militaires, etc.

Parmi les collaborateurs nous citerons :

Astronomie, météorologie. — MM. Leverrier, Faye, Balfour-Stewart, Janssen, Normann Lockyer, Vogel, Wolf, Miller, Laussedat, Thomson, Rayet, Secchi, Briot, Herschell, etc.

Physique. — MM. Helmholtz, Tyndall, Jamin, Desains, Carpenter, Gladstone, Grad, Boutan, Becquerel, Cazin, Fernet, Onimus, Bertin.

Chimie. — MM. Wurtz, Berthelot, H. Sainte-Claire Deville, Bouchardat, Grimaux, Jungfleisch, Mascart, Odling, Dumas, Troost, Peligot, Cahours, Graham, Friedel, Pasteur.

Géologie. — MM. Hébert, Bleicher, Fouqué, Gaudry, Ramsay, Sterry-Hunt, Contejean, Zittel, Wallace, Lory, Lyell, Daubrée.

Zoologie. — MM. Agassiz, Darwin, Haeckel, Milne Edwards, Perrier, P. Bert, Van Beneden, Lacaze-Duthiers, Pasteur, Pouchet, Joly, De Quatrefages, Faivre, A. Moreau, E. Blanchard, Marey.

Anthropologie. — MM. Broca, De Quatrefages, Darwin, De Mortillet, Virchow, Lubbock, K. Vogt.

Botanique. — MM. Baillon, Brongniart, Cornu, Faivre, Spring, Chatin, Van Tieghem, Duchartre.

Physiologie, anatomie. — MM. Claude Bernard, Chauveau, Fraser, Gréhant, Lereboullet, Moleschott, Onimus, Ritter, Rosenthal, Wundt, Pouchet, Ch. Robin, Vulpian, Virchow, P. Bert, du Bois-Reymond, Helmholtz, Frankland, Brücke.

Médecine. — MM. Chauffard, Chauveau, Cornil, Gubler, Le Fort, Verneuil, Broca, Liebeich, Lorain, Axenfeld, Lasègue, G. Sée, Bouley, Giraud-Teulon, Bouchardat.

Sciences militaires. — MM. Laussedat, Le Fort, Abel, Jervois, Morin, Noble, Reed, Usquin.

Philosophie scientifique. — MM. Alglave, Bagehot, Carpenter, Léon Dumont, Hartmann, Herbert Spencer, Laycock, Lubbock, Tyndall, Gavarret, Ludwig.

Prix d'abonnement :

Une seule revue séparément			Les deux revues ensemble		
	Six mois.	Un an.		Six mois.	Un an.
Paris........	12ᶠ	20ᶠ	Paris........	20ᶠ	36ᶠ
Départements.	15	25	Départements.	25	42
Étranger....	18	30	Étranger....	30	50

L'abonnement part du 1ᵉʳ juillet, du 1ᵉʳ octobre, du 1ᵉʳ janvier et du 1ᵉʳ avril de chaque année.

Chaque volume de la première série se vend : broché......	15 fr.	
relié........	20 fr.	
Chaque année de la 2ᵉ série, formant 2 vol., se vend : broché..	20 fr.	
relié....	25 fr.	

Prix de la collection de la première série :

Prix de la collection complète de la *Revue des cours littéraires* (1864-1870), 7 vol. in-4.............................. 105 fr.

Prix de la collection complète des deux *Revues* prises en même temps, 14 vol. in-4.................................. 182 fr.

Prix de la collection complète des deux séries :

Revue des cours littéraires et *Revue politique et littéraire* (décembre 1863 — juillet 1874), 13 vol. in-4................ 165 fr.

— Avec la *Revue des cours scientifiques* et la *Revue scientifique*, 26 vol. in-4 .... 290 fr.

INTERNATIONALE

Le premier besoin de la science contemporaine, — on pourrait même dire d'une manière plus générale des sociétés modernes, — c'est l'échange rapide des idées entre les savants, les penseurs, les classes éclairées de tous les pays. Mais ce besoin n'obtient encore aujourd'hui qu'une satisfaction fort imparfaite. Chaque peuple a sa langue particulière, ses livres, ses revues, ses manières spéciales de raisonner et d'écrire, ses sujets de prédilection. Il lit fort peu ce qui se publie au delà de ses frontières, et la grande masse des classes éclairées, surtout en France, manque de la première condition nécessaire pour cela, la connaissance des langues étrangères. On traduit bien un certain nombre de livres anglais ou allemands ; mais il faut presque toujours que l'auteur ait à l'étranger des amis soucieux de répandre ses travaux, ou que l'ouvrage présente un caractère pratique qui en fait une bonne entreprise de librairie. Les plus remarquables sont loin d'être toujours dans ce cas, et il en résulte que les idées neuves restent longtemps confinées, au grand détriment des progrès de l'esprit humain, dans le pays qui les a vues naître. Le libre échange industriel règne aujourd'hui presque partout ; le libre échange intellectuel n'a pas encore la même fortune, et cependant il ne peut rencontrer aucun adversaire ni inquiéter aucun préjugé.

Ces considérations avaient frappé depuis longtemps un certain nombre de savants anglais. Au congrès de l'Association britannique à Édimbourg, ils tracèrent le plan d'une *Bibliothèque scientifique internationale*, paraissant à la fois en anglais, en français et en allemand, publiée en Angleterre, en France, aux Etats-Unis, en Allemagne, et réunissant des ouvrages écrits par les savants les plus distingués de tous les pays. En venant en France pour chercher à réaliser cette idée, ils devaient naturellement s'adresser à la *Revue scientifique*, qui marchait dans la même voie, et qui projetait au même moment, après les désastres de la guerre, une entreprise semblable destinée à étendre en quelque sorte son cadre et à faire connaître plus rapidement en France les livres et les idées des peuples voisins.

La *Bibliothèque scientifique internationale* n'est donc pas une entreprise de librairie ordinaire. C'est une œuvre dirigée par les auteurs mêmes, en vue des intérêts de la science, pour la populariser sous toutes ses formes, et faire connaître immédiatement dans le monde entier les idées originales, les directions nouvelles, les découvertes importantes qui se font jour dans tous les pays. Chaque savant exposera les idées qu'il a introduites dans la science et condensera pour ainsi dire ses doctrines les plus originales.

On pourra ainsi, sans quitter la France, assister et participer au mouvement des esprits en Angleterre, en Allemagne, en Amérique, en Italie, tout aussi bien que les savants mêmes de chacun de ces pays.

La *Bibliothèque scientifique internationale* ne comprendra point seulement des ouvrages consacrés aux sciences physiques et naturelles; elle abordera aussi les sciences morales comme la philosophie, l'histoire, la politique et l'économie sociale, la haute législation, etc.; mais les livres traitant des sujets de ce genre se rattacheront encore aux sciences naturelles, en leur empruntant les méthodes d'observation et d'expérience qui les ont rendues si fécondes depuis deux siècles.

Cette collection paraît à la fois en français, en anglais, en allemand et en Russe : à Paris, chez Germer Baillière ; à Londres, chez Henry S. King et Cⁱⁱ; à New-York, chez Appleton ; à Leipzig, chez Brockaus ; et à Saint-Pétersbourg, chez Koropchevski et Goldsmith.

EN VENTE : *Volumes cartonnés avec luxe.*

J. TYNDALL. **Les glaciers et les transformations de l'eau**, avec figures. 1 vol. in-8. 6 fr.

MAREY. **La machine animale**, locomotion terrestre et aérienne, avec de nombreuses figures. 1 vol. in-8. 6 fr.

BAGEHOT. **Lois scientifiques du développement des nations** dans leurs rapports avec les principes de la sélection naturelle et de l'hérédité. 1 vol. in-8. 6 fr.

BAIN. **L'esprit et le corps**. 1 vol. in-8. 6 fr.

PETTIGREW. **La locomotion chez les animaux**, marche, natation, vol. 1 vol. in-8 avec figures. 6 fr.

HERBERT SPENCER. **La science sociale**. 1 vol. 6 fr.

VAN BENEDEN. **Les commensaux et les parasites dans le règne animal**, 1 vol. in-8, avec figures. 6 fr.

O. SCHMIDT. **La descendance de l'homme et le darwinisme.** 1 vol. in-8 avec figures. 6 fr.

Liste des principaux ouvrages qui sont en préparation :

AUTEURS FRANÇAIS

CLAUDE BERNARD. Phénomènes physiques et Phénomènes métaphysiques de la vie.

HENRI SAINTE-CLAIRE DEVILLE. Introduction à la chimie générale.

ÉMILE ALGLAVE. Physiologie générale des gouvernements.

A. DE QUATREFAGES. Les races nègres.

A. WURTZ. Atomes et atomicité.

BERTHELOT. La synthèse chimique.

H. DE LACAZE-DUTHIERS. La zoologie depuis Cuvier.

FRIEDEL. Les fonctions en chimie organique

TAINE. Les émotions et la volonté.

QUETELET. La moyenne de l'humanité.

ALFRED GRANDIDIER. Madagascar.

DEBRAY. Les métaux précieux.

AUTEURS ANGLAIS

HUXLEY. Mouvement et conscience.

W. B. CARPENTER. La physiologie de l'esprit.

RAMSAY. Structure de la terre.

Sir J. LUBBOCK. Premiers âges de l'humanité.

BALFOUR STEWART. La conservation de la force.

CHARLTON BASTIAN. Le cerveau comme organe de la pensée.

NORMAN LOCKYER. L'analyse spectrale.

W. ODLING. La chimie nouvelle.

LAWDER LINDSAY. L'intelligence chez les animaux inférieurs.

STANLEY JEVONS. Les lois de la statistique.

MICHAEL FOSTER. Protoplasma et physiologie cellulaire.

MAUDSLEY. La responsabilité dans les maladies.

ED. SMITH. Aliments et alimentation.

K. CLIFFORD. Les fondements des sciences exactes.

AUTEURS ALLEMANDS

VIRCHOW. Physiologie pathologique.

ROSENTHAL. Physiologie générale des muscles et des nerfs.

BERNSTEIN. Physiologie des sens.

HERMANN. Physiologie de la respiration.

O. LIEBREICH. Fondements de la toxicologie.

STEINTHAL. Fondements de la linguistique.

VOGEL. Chimie de la lumière.

AUTEURS AMÉRICAINS

J. DANA. L'échelle et les progrès de la vie.

S. W. JOHNSON. La nutrition des plantes.

A. FLINT. Les fonctions du système nerveux

W. D. WHITNEY. La linguistique moderne.

OUVRAGES
De M. le professeur VÉRA

Professeur à l'université de Naples.

INTRODUCTION

A LA

PHILOSOPHIE DE HEGEL

1 vol. in-8, 1864, 2ᵉ édition.... 6 fr. 50

LOGIQUE DE HEGEL

Traduite pour la première fois, et accompagnée d'une Introduction
et d'un commentaire perpétuel.

2 volumes in-8, 1874, 2ᵉ édition. 14 fr.

PHILOSOPHIE DE LA NATURE

DE HEGEL

Traduite pour la première fois, et accompagnée d'une Introduction
et d'un commentaire perpétuel.

3 volumes in-8. 1864-1866........ 25 fr.
Prix du tome II... 8 fr. 50.— Prix du tome III... 8 fr. 50

PHILOSOPHIE DE L'ESPRIT

DE HEGEL

Traduite pour la première fois, et accompagnée d'une Introduction
et d'un commentaire perpétuel.

1867. Tome 1ᵉʳ, 1 vol. in-8. 9 fr.
1870. Tome 2ᵉ, 1 vol. in-8. 9 fr.

L'Hégélianisme et la philosophie. 1 vol. in-18. 1861. 3 fr. 50

Mélanges philosophiques. 1 vol. in-8. 1862. 5 fr.

Essais de philosophie hégélienne (de la *Bibliothèque de philosophie contemporaine*). 1 vol. 2 fr. 50

Platonis, Aristotelis et Hegelii de media termino doctrina. 1 vol. in-8. 1845. 1 fr. 50

Strauss. L'ancienne et la nouvelle foi. 1873, in-8. 6 fr.

RÉCENTES PUBLICATIONS

Qui ne se trouvent pas dans les deux Bibliothèques.

ACOLLAS (Émile). **L'enfant né hors mariage.** 3ᵉ édition.
1872, 1 vol. in-18 de x-165 pages.   3 fr.

ACOLLAS (Émile). **Manuel de droit civil,** contenant l'exégèse
du code Napoléon et un exposé complet des systèmes juridiques.
  Tome premier (premier examen), 1 vol. in-8.   10 fr.
  Tome deuxième (deuxième examen), 1 vol. in-8.   10 fr.
  Tome troisième (troisième examen), première partie. 1 vol.
  in-8.   5 fr.
  Tome troisième, 2ᵉ partie, 1 vol. in-8.   5 fr.

ACOLLAS (Émile). **Trois leçons sur le mariage.** In-8. 1 fr.50

ACOLLAS (Émile). **L'idée du droit.** In-8.   1 fr. 50

ACOLLAS (Émile). **Nécessité de refondre l'ensemble de nos
codes,** et notamment le code Napoléon, au point de vue de l'idée
démocratique. 1866, 1 vol. in-8.   3 fr.

Administration départementale et communale. Lois —
Décrets — Jurisprudence, conseil d'État, cour de Cassation, dé-
cisions et circulaires ministérielles, in-4.   8 fr.

ALAUX. **La religion progressive.** 1869, 1 vol. in-18. 3 fr. 50

ALGLAVE (Émile). **Action du ministère public** et théorie
des droits d'ordre public en matière civile. 1872, 2 beaux vol.
gr. in-8.   16 fr.

ALGLAVE (Émile). **Organisation des juridictions civiles
chez les Romains** jusqu'à l'introduction des *judicia extra-
ordinaria.* 1 vol. in-8.   2 fr. 50

ARISTOTE. **Rhétorique** traduite en français et accompagnée de
notes par J. Barthélemy Saint-Hilaire. 1870, 2 vol. in-8. 16 fr.

ARISTOTE. **Psycologie** (opuscules) traduite en français et accompagnée de notes par J. Barthélemy Saint-Hilaire. 1 vol. in-8. 10 fr.

AUDIFFRET-PASQUIER. **Discours devant les commissions de
la réorganisation de l'armée et des marchés.** in-4.
   2 fr. 50

L'art et la vie. 1867. 2 vol. in-8.   7 fr.

L'art et la vie de Stendhal. 1869, 1 fort vol. in-8.   6 fr.

BAGEHOT. **Lois scientifiques du développement des nations**
dans leurs rapports avec les principes de l'hérédité et de la sélection naturelle. 1873, 1 vol. in-8 de la *Bibliothèque scientifique internationale,* cartonné à l'anglaise.   6 fr.

BARNI (Jules). **Napoléon Iᵉʳ,** édition populaire. 1 vol. in-18. 1 fr.

BARNI (Jules). **Manuel républicain.** 1872, 1 vol. in-18. 1 fr.50

BARNI (Jules). **Les martyrs de la libre pensée,** cours professé
à Genève. 1862, 1 vol. in-18.   3 fr. 50

BARNI (Jules). Voy. KANT.

BARTHÉLEMY SAINT-HILAIRE. **La rhétorique d'Aristote.**
2 vol. gr. in-8.   16 fr.

BARTHÉLEMY SAINT-HILAIRE. **La psychologie d'Aristote.**
1 vol. gr. in-8. 10 fr.

BARTHÉLEMY SAINT-HILAIRE. **De la logique d'Aristote.** 2 vol.
in-8. 10 fr.

BARTHÉLEMY SAINT-HILAIRE. **L'École d'Alexandrie.** 1 vol.
in-8. 6 fr.

BAUTAIN. **La philosophie morale.** 2 vol. in-8. 12 fr.

BLANCHARD. **Les métamorphoses, les mœurs et les
instincts des insectes,** par M. Émile BLANCHARD, de l'Institut, professeur au Muséum d'histoire naturelle. 1868, 1 magni-
fique volume in-8 jésus, avec 166 figures intercalées dans le
texte et 40 grandes planches hors texte. Prix, broché. 30 fr.
Relié en demi-maroquin. 35 fr.

BLANQUI. **L'éternité par les astres,** hypothèse astronomique.
1872, in-8. 2 fr.

BORELY (J.). **Nouveau système électoral, représentation
proportionnelle de la majorité et des minorités.** 1870,
1 vol. in-18 de XVIII-194 pages. 2 fr. 50

BORELY. **De la justice et des juges,** projet de réforme judi-
ciaire. 1871, 2 vol. in-8. 12 fr.

BOUCHARDAT. **Le travail,** son influence sur la santé (conférences
faites aux ouvriers). 1863, 1 vol. in-18. 2 fr. 50

BOUCHARDAT et H. JUNOD. **L'eau-de-vie et ses dangers,**
conférences populaires. 1 vol. in-18. 1 fr.

BERSOT. **La philosophie de Voltaire.** 1 vol in-12. 2 fr. 50

ÉD. BOURLOTON et E. ROBERT. **La Commune** et ses idées à
travers l'histoire. 1872, 1 vol. in-18. 3 fr. 50

BOUCHUT. **Histoire de la médecine et des doctrines médicales.** 1873, 2 forts vol. in-8. 16 fr.

BOUCHUT et DESPRÉS. **Dictionnaire de médecine et de thé-
rapeutique médicale et chirurgicale,** comprenant le résumé de la médecine et de la chirurgie, les indications thérapeu-
tiques de chaque maladie, la médecine opératoire, les
accouchements, l'oculistique, l'odontechnie, l'électrisation, la
matière médicale, les eaux minérales, et *un formulaire spécial
pour chaque maladie.* 1873. 2e édit. très-augmentée. 1 magni-
fique vol. in-4, avec 750 fig. dans le texte. 25 fr.

BOUILLET (ADOLPHE). **L'armée d'Henri V. — Les bourgeois
gentilshommes de 1871.** 1 vol. in-12. 3 fr. 50

BOUILLET (ADOLPHE). **L'armée d'Henri V. — Les bourgeois
gentilshommes.** Types nouveaux et inédits. 1 vol. in-18.
2 fr. 50

BRIERRE DE BOISMONT. **Des maladies mentales,** 1867, brochure in-8 extraite de la *Pathologie médicale* du professeur Re-
quin. 2 fr.

BRIERRE DE BOISMONT. **Des hallucinations, ou Histoire
raisonnée des apparitions,** des visions, des songes, de l'ex-
tase, du magnétisme et du somnambulisme. 1862, 3e édition
très-augmentée. 7 fr.

BRIERRE DE BOISMONT. **Du suicide et de la folie suicide.**
1865, 2° édition, 1 vol. in-8. 7 fr.

CHASLES (PHILARÈTE). **Questions du temps et problèmes
d'autrefois.** Pensées sur l'histoire, la vie sociale, la littérature.
1 vol. in-18, édition de luxe. 3 fr.

CHASSERIAU. **Du principe autoritaire et du principe rationnel.** 1873, 1 vol. in-18. 3 fr. 50

CLAVEL. **La morale positive.** 1873, 1 vol. in-18. 3 fr.

Conférences historiques de la Faculté de médecine faites
pendant l'année 1865. (*Les Chirurgiens érudits*, par M. Verneuil. — *Gui de Chauliac*, par M. Follin. — *Celse*, par M. Broca.
— *Wurtzius*, par M. Trélat. — *Rioland*, par M. Le Fort. —
Levret, par M. Tarnier. — *Harvey*, par M. Béclard. — *Stahl*,
par M. Lasègue. — *Jenner*, par M. Lorain. — *Jean de Vier et
les sorciers*, par M. Axenfeld. — *Luennec*, par M. Chauffard. —
Sylvius, par M. Gubler. — *Stoll*, par M. Parrot.) 1 vol. in-8. 6 fr.

COQUEREL (Charles). **Lettres d'un marin à sa famille.** 1870,
1 vol. in-18. 3 fr. 50

COQUEREL (Athanase). Voyez *Bibliothèque de philosophie contemporaine.*

COQUEREL fils (Athanase). **Libres études** (religion, critique,
histoire, beaux-arts). 1867, 1 vol. in-8. 5 fr.

COQUEREL fils (Athanase). **Pourquoi la France n'est-elle
pas protestante ?** Discours prononcé à Neuilly le 1er novembre 1866. 2° édition, in-8. 1 fr.

COQUEREL fils (Athanase). **La charité sans peur,** sermon en
faveur des victimes des inondations, prêché à Paris le 18 novembre 1866. In-8. 75 c.

COQUEREL fils (Athanase). **Évangile et liberté,** discours d'ouverture des prédications protestantes libérales, prononcé le 8 avril
1868. In-8. 50 c.

COQUEREL fils (Athanase). **De l'éducation des filles,** réponse à
Mgr l'évêque d'Orléans, discours prononcé le 3 mai 1868. In-8.
1 fr.

CORLIEU. **La mort des rois de France** depuis François Ier
jusqu'à la Révolution française, 1 vol. in-18 en caractères elzéviriens, 1874. 3 r. 50

**Conférences de la Porte-Saint-Martin pendant le siége
de Paris.** Discours de MM. *Desmarets* et *de Pressensé.* —
Discours de M. *Coquerel*, sur les moyens de faire durer la Ré-
publique. — Discours de M. *Le Berquier*, sur la Commune. —
Discours de M. *E. Bersier*, sur la Commune. — Discours de
M. *H. Cernuschi*, sur la Légion d'honneur. In-8. 1 fr. 25

CORNIL. **Leçons élémentaires d'hygiène,** rédigées pour l'enseignement des lycées d'après le programme de l'Académie de
médecine. 1873, 1 vol. in-18 avec figures intercalées dans le
texte. 2 fr. 50

Sir G. CORNEWALL LEWIS. **Histoire gouvernementale de l'Angleterre de 1770 jusqu'à 1830,** trad. de l'anglais et précédée de la vie de l'auteur, par M. Mervoyer. 1867, 1 vol. in-8 de la *Bibliothèque d'histoire contemporaine.* 7 fr.

Sir G. CORNEWALL LEWIS. **Quelle est la meilleure forme de gouvernement?** Ouvrage traduit de l'anglais ; précédé d'une Étude sur la vie et les travaux de l'auteur, par M. Mervoyer, docteur ès lettres. 1867, 1 vol. in-8. 3f r. 50

DAMIRON. **Mémoires pour servir à l'histoire de la philosophie au XVIII° siècle.** 3 vol. in-8. 12 fr.

DELAVILLE. **Cours pratique d'arboriculture fruitière** pour la région du nord de la France, avec 269 fig. In-8. 6 fr.

DELEUZE. **Instruction pratique sur le magnétisme animal,** précédée d'une Notice sur la vie de l'auteur. 1853. 1 vol. in-12. 3 fr. 50

DELORD (Taxile). **Histoire du second empire. 1848-1870.**
    1869. Tome Ier, 1 fort vol in-8. 7 fr.
    1870. Tome II, 1 fort vol. in-8. 7 fr.
    1873. Tome III, 1 fort vol. in-8. 7 fr.
    1874. Tome IV, 1 fort vol. in-8. 7 fr.
    1874. Tome V, 1 fort vol. in-8. 7 fr.

DENFERT (colonel). **Des droits politiques des militaires.** 1874, in-8. 75 c.

DOLLFUS (Charles). **De la nature humaine.** 1868, 1 vol. in-8. 5 fr.

DOLLFUS (Charles). **Lettres philosophiques.** 3° édition. 1869, 1 vol. in-18. 3 fr. 50

DOLLFUS (Charles). **Considérations sur l'histoire.** Le monde antique. 1872, 1 vol. in-8. 7 fr. 50

DUGALD-STEVART. **Éléments de la philosophie de l'esprit humain,** traduit de l'anglais par Louis Peisse, 3 vol. in-12. 9 fr

DU POTET. **Manuel de l'étudiant magnétiseur.** Nouvelle édition. 1868, 1 vol. in-18. 3 fr. 50

DU POTET. **Traité complet de magnétisme,** cours en douze leçons. 1856, 3° édition, 1 vol. de 634 pages. 7 fr.

DUPUY (Paul). **Études politiques,** 1874. 1 v. in-8 de 236 pages. 3 fr. 50.

Éléments de science sociale. Religion physique, sexuelle et naturelle, ouvrage traduit sur la 7° édition anglaise. 1 fort vol. in-18, cartonné. 4 fr.

ÉLIPHAS LÉVI. **Dogme et rituel de la haute magie.** 1861, 2° édit., 2 vol. in-8, avec 24 fig. 18 fr.

ÉLIPHAS LÉVI. **Histoire de la magie,** avec une exposition claire et précise de ses procédés, de ses rites et de ses mystères. 1860, 1 vol. in-8, avec 90 fig. 12 fr.

ÉLIPHAS LÉVI. **La science des esprits**, révélation du dogme secret des Kabbalistes, esprit occulte de l'Évangile, appréciation des doctrines et des phénomènes spirites. 1865, 1 v. in-8.   7 fr.

L'Europe orientale. Son état présent, sa réorganisation, avec deux tableaux ethnographiques, 1873. 1 vol. in-18.   3 fr. 50

FAU. **Anatomie des formes du corps humain**, à l'usage des peintres et des sculpteurs. 1866, 1 vol. in-8 et atlas de 25 planches. 2º édition. Prix, fig. noires.   20 fr.
    Prix, figures coloriées.   35 fr.

FERRON (de). **Théorie du progrès** (Histoire de l'idée du progrès. — Vico. — Herder. — Turgot. — Condorcet. — Saint-Simon. — Réfutation du césarisme). 1867, 2 vol. in-18.   7 fr.

FERRON (de). **La question des deux Chambres**. 1872, in-8 de 45 pages.   1 fr.

EM. FERRIÈRE. **Le darwinisme**. 1872, 1 vol. in-18.   4 fr. 50

FICHTE. **Méthode pour arriver à la vie bienheureuse**, traduit par Francisque Bouiller. 1 vol. in-8.   8 fr.

FICHTE. **Destination du savant et de l'homme de lettres**, traduit par M. Nicolas. 1 vol. in-8.   3 fr.

FICHTE. **Doctrines de la science**. Principes fondamentaux de la science de la connaissance, trad. par Grimblot. 1 vol. in-8.
   9 fr.

FLEURY (Amédée). **Saint Paul et Senèque**, recherches sur les rapports du philosophe avec l'apôtre et sur l'infiltration du christianisme naissant à travers le paganisme. 2 vol. in-8.   . 15 fr.

FOUCHER DE CAREIL. **Leibniz, Descartes, Spinoza**. In-8.
   4 fr.

FOUCHER DE CAREIL. **Lettres et opuscules de Leibniz**. 1 vol. in-8.   3 fr. 50

FOUILLÉE (Alfred). **La philosophie de Socrate**. 2 vol. in-8.
   16 fr.

FOUILLÉE (Alfred). **La philosophie de Platon**. 2 vol. in-8.
   16 fr.

FOUILLÉE (Alfred) **La liberté et le déterminisme**. 1 fort vol. in-8.   7 fr. 50

FOUILLÉE (Alfred). **Platonis hippias minor sive Socratica** 1 vol. in-8.   2 fr.

FRIBOURG. **Du paupérisme parisien**, de ses progrès depuis vingt-cinq ans.   1 fr. 25

HAMILTON (William). **Fragments de Philosophie**, traduits de l'anglais par Louis Peisse.   7 fr. 50

HERZEN (Alexandre). **Œuvres complètes.** Tome Ier. *Récits et nouvelles.* 1874, 1 vol. in-18.   3 fr. 50

HUMBOLDT (G. de). **Essai sur les limites de l'action de l'État,** traduit de l'allemand, et précédé d'une Étude sur la vie et les travaux de l'auteur, par M. Chrétien, docteur en droit. 1867, in-18.   3 fr. 50

ISSAURAT. **Moments perdus de Pierre-Jean,** observations, pensées, rêveries antipolitiques, antimorales, antiphilosophiques, antimétaphysiques, anti tout ce qu'on voudra. 1868, 1 v. in-18. 3 fr.

ISSAURAT. **Les alarmes d'un père de famille,** suscitées, expliquées, justifiées et confirmées par lesdits faits et gestes de Mgr. Dupanloup et autres. 1868, in-8.   1 fr.

JANET (Paul). **Histoire de la science politique** dans ses rapports avec la morale. 2 vol. in-8.   20 fr.

JANET (Paul). **Études sur la dialectique** dans Platon et dans Hegel. 1 vol. in-8.   6 fr

JANET (Paul). **Œuvres philosophiques de Leibniz.** 2 vol. in-8.   16 fr.

JANET (Paul). **Essai sur le médiateur plastique de Cudworth.** 1 vol. in-8.   6 fr.

KANT. **Critique de la raison pure,** précédé d'une préface par M. Jules BARNI. 1870, 2 vol. in-8.   16 fr.

KANT. **Critique de la raison pure,** traduit par M. Tissot. 2 vol. in-8.   16 fr.

KANT. **Éléments métaphysiques de la doctrine du droit,** suivis d'un Essai philosophique sur la paix perpétuelle, traduits de l'allemand par M. Jules BARNI. 1854, 1 vol. in-8.   8 fr.

KANT. **Principes métaphysiques du droit** suivi *du projet de paix perpétuelle,* traduction par M. Tissot. 1 vol. in-8   8 fr.

KANT. **Éléments métaphysiques de la doctrine de la vertu,** suivi d'un Traité de pédagogie, etc. ; traduit de l'allemand par M. Jules BARNI, avec une introduction analytique. 1855, 1 vol. in-8.   8 fr.

KANT. **Principes métaphysiques de la morale,** augmenté des *fondements de la métaphysique des mœurs,* traduction par M. Tissot. 1 vol. in-8.   8 fr.

KANT. **La religion dans les limites de la raison,** traduit de l'allemand par J. Trullard. 1 vol. in-8.   7 f. 50

KANT. **La logique,** traduction de M. Tissot. 1 vol. in-4.   4 fr.

KANT. **Mélanges de logique**, traduction par M. Tissot, 1 vol. in-8. 6 fr.

KANT. **Prolégomènes à toute métaphysique future** qui se présentera comme science, traduction de M. Tissot, 1 vol. in-8. 6 fr.

KANT. **Anthropologie**, suivi de divers fragments relatifs aux rapports du physique et du moral de l'homme et du commerce des esprits d'un monde à l'autre, traduction par M. Tissot. 1 vol. in-8. 6 fr.

KANT. **Examen de la critique de la raison pratique**, traduit par J. Barni. 1 vol. in-8. 6 fr.

KANT. **Éclaircissements sur la critique de la raison pure**, traduit par J. Tissot. 1 vol. in-8. 6 fr.

KANT. **Critique du jugement**, suivie des *observations sur les sentiments du beau et du sublime*, traduit par J. Barni. 2 vol. in-8. 12 fr.

KANT. **Critique de la raison pratique**, précédée des *fondements de la métaphysique des mœurs*, traduit par J. Barni. 1 vol. in-8. 6 fr.

LABORDE. **Les hommes et les actes de l'insurrection de Paris** devant la psychologie morbide. Lettres à M. le docteur Moreau (de Tours). 1 vol. in-18. 3 fr. 50

LACHELIER. **Le fondement de l'induction.** 3 fr. 50

LACHELIER. **De natura syllogismi** apud facultatem litterarum Parisiensem, hæc disputabat. 1 fr. 50

LACOMBE. **Mes droits.** 1869, 1 vol. in-12. 2 fr. 50

LANGLOIS. **L'homme et la Révolution.** Huit études dédiées à P. J. Proudhon. 1867, 2 vol. in-18. 7 fr.

LE BERQUIER. **Le barreau moderne.** 1871, 2e édition, 1 vol. in-18. 3 fr. 50

LE FORT. **La chirurgie militaire** et les Sociétés de secours en France et à l'étranger. 1873, 1 vol. gr. in-8, avec fig. 10 fr.

LEIBNIZ. **Œuvres philosophiques**, avec une Introduction et des notes par M. Paul Janet, 2 vol. in-8. 16 fr.

LITTRÉ. **Auguste Comte et Stuart Mill**, suivi de *Stuart Mill et la philosophie positive*, par M. G. Wyrouboff. 1867, in-8 de 86 pages. 2 fr

LITTRÉ. **Application de la philosophie primitive au gouvernement** des Sociétés. In-8.   3 fr. 50

LORAIN (P.). **Jenner et la vaccine.** Conférence historique. 1870, broch. in-8 de 48 pages.   1 fr. 50

LORAIN (P.). **L'assistance publique.** 1871, in-4 de 56 p. 1 fr.

LUBBOCK **L'homme avant l'histoire,** étudié d'après les monu-ments et les costumes retrouvés dans les différents pays de l'Europe, suivi d'une Description comparée des mœurs des sauvages modernes, traduit de l'anglais par M. Ed. BARBIER. avec 156 figures intercalées dans le texte. 1867, 1 beau vol. in-8, prix broché.   15 fr.

     Relié en demi-maroquin avec nerfs.   18 fr.

LUBBOCK. **Les origines de la civilisation.** État primitif de l'homme et mœurs des sauvages modernes. 1873. 1 vol. grand in-8 avec figures et planches hors texte. Traduit de l'anglais par M. Ed. BARBIER.   15 fr.

     Relié en demi-maroquin avec nerfs.   18 fr.

MAGY. **De la science et de la nature,** essai de philosophie première. 1 vol. in-8.   6 fr.

MARAIS (Aug.). **Garibaldi et l'armée des Vosges.** 1872, 1 vol. in-18.   1 fr. 50

MAURY (Alfred). **Histoire des religions de la Grèce antique.** 3 vol. in-8.   24 fr.

MAX MULLER. **Amour allemand.** Traduit de l'allemand. 1 vol. in-18 imprimé en caractères elzéviriens.   3 fr. 50

MAZZINI. **Lettres à Daniel Stern** (1864-1872), avec une lettre autographiée. 1 v. in-18 imprimé en caractères elzéviriens. 3 fr. 50

MENIÈRE. **Cicéron médecin,** étude médico-littéraire. 1862, 1 vol. in-18.   1 fr. 50

MENIÈRE. **Les consultations de madame de Sévigné,** étude médico-littéraire. 1864, 1 vol. in-8.   3 fr.

MERVOYER. **Étude sur l'association des idées.** 1864, 1 vol. in-8.   6 fr.

MEUNIER (Victor). **La science et les savants.**

1re année, 1864. 1 vol. in-18.	3 fr. 50
2e année, 1865. 1er semestre, 1 vol. in-18.	3 fr. 50
2e année, 1865. 2e semestre, 1 vol. in-18.	3 fr. 50
3e année, 1866. 1 vol. in-18.	3 fr. 50
4e année, 1867. 1 vol. in-18.	3 fr. 50

MICHELET (J.). **Le Directoire et les origines des Bonaparte.** 1872, 1 vol. in-8. 6 fr.

MILSAND. **Les études classiques** et l'enseignement public. 1873, 1 vol. in-18. 3 fr. 50

MILSAND. **Le code et la liberté.** Liberté du mariage, liberté des testaments. 1865, in-8. 2 fr.

MIRON. **De la séparation du temporel et du spirituel.** 1866, in-8. 3 fr. 50

MORER. **Projet d'organisation de colléges cantonaux,** in-8 de 64 pages. 1 fr. 50

MORIN. **Du magnétisme et des sciences occultes.** 1860, 1 vol. in-8. 6 fr.

MUNARET. **Le médecin des villes et des campagnes.** 4e édition, 1862, 1 vol. grand in-18. 4 fr. 50

NAQUET (A.). **La république radicale.** 1873, 1 vol. in-18. 3 fr. 50

NOURRISSON. **Essai sur la philosophie de Bossuet.** 1 vol. in-8. 4 fr.

OGER. **Les Bonaparte et les frontières de la France.** In-18. 50 c.

OGER. **La République.** 1871, brochure in-8. 50 c.

OLLÉ-LAPRUNE. **La philosophie de Malebranche.** 2 vol. in-8. 16 fr.

PARIS (comte de). **Les associations ouvrières en Angleterre** (trades-unions). 1869, 1 vol. gr. in-8. 2 fr. 50
   Édition sur papier de Chine : broché. 12 fr.
   — reliure de luxe. 20 fr.

PUISSANT (Adolphe). **Erreurs et préjugés populaires.** 1873, 1 vol. in-18. 3 fr. 50

REYMOND (William). **Histoire de l'art.** 1874, 1 vol. in-8. 5 fr.

RIBOT (Paul). **Matérialisme et spiritualisme.** 1873, in-8. 6 fr.

RIBOT (Th.) **La psychologie anglaise contemporaine** (James Mill, Stuart Mill, Herbert Spencer, A. Bain, G. Lewes, S. Bailey, J.-D. Morell, J. Murphy). 1870, 1 vol. in-18. 3 fr. 50

RIBOT (Th.). **De l'hérédité.** 1873, 1 vol. in-8. 10 fr.

RITTER (Henri). **Histoire de la philosophie moderne,** traduction française précédée d'une introduction par P. Challemel-Lacour. 3 vol. in-8. 20 fr.

RITTER (Henri). **Histoire de la philosophie chrétienne,** trad. par M. J. Trullard. 2 forts vol.   15 fr.

RITTER (Henri). **Histoire de la philosophie ancienne,** trad. par Tissot. 4 vol.   30 fr.

SAINT-MARC GIRARDIN. **La chute du second Empire.** In-4.   4 fr. 50

SALETTA. **Principe de logique positive,** ou traité de scepticisme positif. Première partie (de la connaissance en général). 1 vol. gr. in-8.   3 fr. 50

SCHELLING. **Écrits philosophiques** et morceaux propres à donner une idée de son système, traduit par Ch. Bénard. In-8.   9 fr.

SCHELLING. **Bruno** ou du principe divin, trad. par Husson. 1 vol. in-8.   3 fr. 50

SCHELLING. **Idéalisme transcendental,** traduit par Grimblot. 1 vol. in-8.   7 fr. 50

SIÈREBOIS. **Autopsie de l'âme.** Identité du matérialisme et du vrai spiritualisme. 2ᵉ édit. 1873, 1 vol. in-18.   2 fr. 50

SIÈREBOIS. **La morale** fouillée dans ses fondements. Essai d'anthropodicée. 1867, 1 vol. in-8.   6 fr.

SOREL (ALBERT). **Le traité de Paris du 20 novembre 1815.** Leçons professées à l'École libre des sciences politiques par M. Albert SOREL, professeur d'histoire diplomatique. 1873, 1 vol. in-8.   4 fr. 50

THULIÉ. **La folie et la loi.** 1867, 2ᵉ édit., 1 vol. in-8. 3 fr. 50

THULIÉ. **La manie raisonnante du docteur Campagne.** 1870, broch. in-8 de 132 pages.   2 fr.

TIBERGHIEN. **Les commandements de l'humanité.** 1872, 1 vol. in-18.   3 fr.

TIBERGHIEN. **Enseignement et philosophie.** 1873, 1 vol. in-18.   4 fr.

TISSOT. Voyez KANT.

TISSOT. **Principes de morale,** leur caractère rationnel et universel, leur application. Ouvrage couronné par l'institut. 1 vol. in-8.   6 fr.

VACHEROT. **Histoire de l'école d'Alexandrie.** 3 vol. in-8.   24 fr.

VALETTE. Cours de Code civil professé à la Faculté de droit de Paris. Tome I, première année (Titre préliminaire — Livre premier). 1873, 1 fort vol. in-18. 8 fr.

VALMONT. L'espion prussien. 1872, roman traduit de l'anglais. 1 vol. in-18. 3 fr. 50

VÉRA. Strauss. L'ancienne et la nouvelle foi. 1873, in-8. 6 fr.

VILLIAUMÉ. La politique moderne, traité complet de politique. 1873, 1 beau vol. in-8. 6 fr.

WEBER. Histoire de la philosophie européenne. 1871, 1 vol. in-8. 10 fr.

L'armée d'Henri V. — Les bourgeois gentilshommes de 1871. 1 vol. in-18. 3 fr. 50

L'armée d'Henri V. — Les bourgeois gentilshommes, types nouveaux et inédits. 1 vol. in-18. 2 fr. 50

L'armée d'Henri V. — L'arrière-ban de l'ordre moral. 1874, 1 vol. in-18. 3 fr. 50

Annales de l'Assemblée nationale. Compte rendu *in extenso* des séances, annexes, rapports, projets de loi, propositions, etc. Prix de chaque volume. 15 fr.

   Vingt volumes sont en vente.

Loi de recrutement des armées de terre et de mer, promulguée le 16 août 1872. Compte rendu *in extenso* des trois délibérations. — Lois des 10 mars 1818, 21 mars 1832, 21 avril 1855, 1er février 1868. 1 vol. gr. in-4 à 3 colonnes. 12 fr.

~ ENQUÊTE PARLEMENTAIRE SUR LES ACTES DU GOUVERNEMENT

DE LA DÉFENSE NATIONALE

DÉPOSITIONS DES TÉMOINS :

TOME PREMIER. Dépositions de MM. Thiers, maréchal Mac-Mahon, maréchal Le Bœuf, Benedetti, duc de Gramont, de Talhouët, amiral Rigault de Genouilly, baron Jérôme David, général de Palikao, Jules Brame, Clément Duvernois, Dréolle, Rouher, Piétri, Chevreau, général Trochu, J. Favre, J. Ferry, Garnier-Pagès, Emmanuel Arago, Pelletan, Ernest Picard, J. Simon, Magnin, Dorian, Ét. Arago, Gambetta, Crémieux, Glais-Bizoin, général Le Flô, amiral Fourichon, de Kératry.
TOME DEUXIÈME. Dépositions de MM. de Chaudordy, Laurier, Cresson, Dréo, Ranc, Rampont, Steenackers, Fernique, Robert, Schneider, Buffet, Lebreton et Hébert, Bellangé, colonel Alavoine, Gervais, Bécherelle, Robin, Muller, Bontefoy, Moyer, Clément et Simonneau, Fontaine, Jacob, Lemaire, Petetin, Guyot-Montpayroux, général Soumain, de Legge, colonel Vabre, de Crisenoy, colonel Ibos, Hémar, Frère, Read, Kergall, général Schmitz, Johnston, colonel Dauvergne, Didier, de Larcinty, Arnaud de l'Ariége, général Tamisier, Baudouin de Mortemart, Ernault, colonel Chaper, général Mazure, Béranger, Le Royer, Ducarre, Challemel-Lacour, Rouvier, Autran, Esquiros, Gent, Naquet, Thourel, Gatien-Arnoult, Foureand.

TOME TROISIÈME. Dépositions militaires de MM. de Freycinet, de Serres, le général Lefort, le général Ducrot, le général Vinoy, le lieutenant de vaisseau Farcy, le commandant Amet, l'amiral Pothuau, Jean Brunet, le général de Beaufort-d'Hautpoul, le général de Valdan, le général d'Aurelle de Paladines, le général Chanzy, le général Martin des Pallières, le général de Sonis, le général Crouzat, le général de la Motterouge, le général Fiéreck, l'amiral Janréguiberry, le général Faidherbe, le général Paulze d'Ivoy, Testelin, le général Bourbaki, le général Clinchant, le colonel Leperche, le général Pallu de la Barrière, Rolland, Keller, le général Billot, le général Borel, le général Pellissier, l'intendant Friant, le général Cremer, le comte de Chandordy.

TOME QUATRIÈME. Dépositions de MM. le général Bordone, Mathieu, de Laborie, Luce-Villiard, Castillon, Debusschère, Darcy, Chenet, de La Taille-Baillehache, de Grancey, L'Hermite, Pradier, Middleton, Frédéric Morin, Thoyot, le maréchal Bazaine, le général Boyer, le maréchal Canrobert, le général Ladmirault, Prost, le général Bressoles, Josseau, Spuller, Corbon, Dalloz, Henri Martin, Vacherot, Marc Dufraisse, Raoul Duval, Delille, de Laubespin, frère Dagobertus, frère Aleas, l'abbé d'Hulst, Bourgoin, Eschassériaux, Silvy, Le Nordez, Gréard, Guicert, Périn; errata et note à l'appui de la déposition de M. Darcy, annexe à la déposition de M. Testelin, note de M. le colonel Denfert, note de la Commission.

RAPPORTS :

TOME PREMIER Rapport de M. *Chaper* sur les procès-verbaux des séances du Gouvernement de la Défense nationale. — Rapport de M. *de Sugny* sur les événements de Lyon sous le Gouvernement de la Défense nationale. — Rapport de M. *de Rességuier* sur les actes du Gouvernement de la Défense nationale dans le sud-ouest de la France.

TOME DEUXIÈME. Rapport de M. *Saint-Marc Girardin* sur la chute du second Empire. — Rapport de M. *de Sugny* sur les événements de Marseille sous le Gouvernement de la Défense nationale.

TOME TROISIÈME. Rapport de M. le comte *Daru*, sur la politique du Gouvernement de la Défense nationale à Paris.

TOME QUATRIÈME. Rapport de M. *Chaper*, sur l'examen au point de vue militaire des actes du Gouvernement de la Défense nationale à Paris.

TOME CINQUIÈME. Rapport de M. *Boreau-Lajanadie*, sur l'emprunt Morgan. — Rapport de M. *de la Borderie*, sur le camp de Conlie et l'armée de Bretagne. — Rapport de M. *de la Sicotière*, sur l'affaire de Dreux.

TOME SIXIÈME. Rapport de M. *de Rainneville* sur les actes diplomatiques du Gouvernement de la Défense nationale — Rapport de M. *A. Lallié* sur les postes et les télégraphes pendant la guerre. — Rapport de M. *Delsol* sur la ligne du Sud Ouest. — Rapport de M. *Perrot* sur la défense nationale en province. (1re partie.)

Prix de chaque volume... 15 fr.

RAPPORTS SE VENDANT SÉPARÉMENT

ENQUÊTE PARLEMENTAIRE

SUR

L'INSURRECTION DU 18 MARS

édition contenant *in-extenso* les trois volumes distribués à l'Assemblée nationale.

1° RAPPORTS. Rapport général de M. Martial Delpit. Rapports de MM. *de Meaux,* sur les mouvements insurrectionnels en province ; *de Massy,* sur le mouvement insurrectionnel à Marseille ; *Meplain,* sur le mouvement insurrectionnel à Toulouse ; *de Chamaillard,* sur les mouvements insurrectionnels à Bordeaux et à Tours ; *Delille,* sur le mouvement insurrectionnel à Limoges ; *Vacherot,* sur le rôle des municipalités ; *Ducarre,* sur le rôle de l'Internationale ; *Boreau-Lajanadie,* sur le rôle de la presse révolutionnaire à Paris ; *de Cumont,* sur le rôle de la presse révolutionnaire en province ; *de Saint-Pierre,* sur la garde nationale de Paris pendant l'insurrection ; *de Larochetheulon,* sur l'armée et la garde nationale de Paris avant le 18 mars. — Rapports de MM. *les premiers présidents de Cour d'appel* d'Agen, d'Aix, d'Amiens, de Bordeaux, de Bourges, de Chambéry, de Douai, de Nancy, de Pau, de Rennes, de Riom, de Rouen, de Toulouse. — Rapports de MM. les *préfets* de l'Ardèche, des Ardennes, de l'Aude, du Gers, de l'Isère, de la Haute-Loire, du Loiret, de la Nièvre, du Nord, des Pyrénées-Orientales, de la Sarthe, de Seine-et-Marne, de Seine-et-Oise, de la Seine-Inférieure, de Vaucluse. — Rapports de MM. les chefs de légion de gendarmerie.

2° DÉPOSITIONS de MM. Thiers, maréchal Mac-Mahon, général Trochu, J. Favre, Ernest Picard, J. Ferry, général Le Flô, général Vinoy, Choppin, Cresson, Leblond, Edmond Adam, Metteval, Hervé, Bethmont, Ansart, Marseille, Claude, Lagrange, Macé, Nusse, Mouton, Garcin, colonel Lambert, colonel Gaillard, général Appert, Gerspach, Barral de Montand, comte de Mun, Floquet, général Cremer, amiral Saisset, Schœlcher, Tirard, Dubail, Denormandie, Ventrain, François Favre, Bellaigne, Vacherot, Degonve-Denuncque, Desmarest, colonel Montaigu, colonel Ibos, général d'Aurelle de Paladines, Roger du Nord, Baudouin de Mortemart, Lavigne, Ossude, Ducros, Turquet, de Plœuc, amiral Pothuau, colonel Langlois, Lucaing, Danet, colonel Le Mains, colonel Vabre, Héligon, Tolain, Fribourg, Dunoyer, Testu, Corbon, Ducarre.

3° PIÈCES JUSTIFICATIVES. Déposition de M. le général Ducrot, Procès-verbaux du Comité central, du Comité de salut public, de l'Internationale, de la délégation des vingt arrondissements, de l'Alliance républicaine, de la Commune. — Lettre du prince Czartoryski sur les Polonais. — Réclamations et errata.

Édition populaire contenant *in extenso* les trois volumes distribués
aux membres de l'Assemblée nationale.

Prix : **16** francs.

COLLECTION ELZÉVIRIENNE

Lettres de Joseph Mazzini à Daniel Stern (1864-1872), avec
une lettre autographiée.   3 fr. 50

Amour allemand, par MAX MÜLLER, traduit de l'allemand.
1 vol. in-18.   3 fr. 50

La mort des rois de France depuis François Ier jusqu'à la
Révolution française, études médicales et historiques, par M. le
docteur CORLIEU, 1 vol. in-18.   3 fr. 50

Libre examen, par Louis Viardot. 1 vol. in-18.   3 fr. 50

L'Algérie, impressions de voyage, par M. Clamageran 1 vol. in-18.
        3 fr. 50

PARIS. — IMPRIMERIE DE E. MARTINET, RUE MIGNON, 2.

www.ingramcontent.com/pod-product-compliance
Lightning Source LLC
Chambersburg PA
CBHW070636100426
42744CB00006B/702